DEVENIR INVESTISSEUR

GUIDE PRATIQUE ÉTAPE PAR ÉTAPE POUR RÉUSSIR EN BOURSE

BENJAMIN PAJOT

Copyright © 2024 – Benjamin Pajot

Tous les droits sont réservés. Aucune partie de cette publication ne peut être reproduite, distribuée ou transmise sous quelque forme ou par quelque moyen que ce soit, y compris la photocopie, l'enregistrement ou d'autres méthodes électroniques ou mécaniques, sans l'autorisation écrite préalable de l'éditeur, sauf dans le cas de brèves citations incorporées dans les critiques et certaines autres utilisations non commerciales autorisées par la loi sur le droit d'auteur. Toute référence à des événements historiques, à des personnes réelles ou à des lieux réels peut être réelle ou utilisée fictivement pour respecter l'anonymat. Les noms, les personnages et les lieux peuvent être le produit de l'imagination de l'auteur

Imprimé par Amazon

Benjamin Pajot

Avant-propos

Cher lecteur,

Je suis ravi de vous accueillir dans « Devenir investisseur : guide étape par étape pour réussir en bourse ». À travers ces pages, je vous invite à vous plonger dans un voyage captivant à travers le monde de l'investissement, guidé par mon propre parcours. Des modestes débuts il y a plusieurs décennies à ma position actuelle en tant qu'investisseur chevronné, je souhaite partager avec vous les défis, les triomphes et les leçons précieuses que j'ai rencontrés en chemin.

En suivant mes pas, vous découvrirez non seulement les fondements essentiels de l'investissement, mais aussi les pièges à éviter, les stratégies éprouvées et les secrets pour réussir dans ce domaine exaltant. À travers mes expériences riches en rebondissements, vous comprendrez que l'investissement est bien plus qu'une simple activité financière - c'est un voyage personnel et enrichissant qui demande à la fois diligence, persévérance et sagesse.

Que vous soyez un novice curieux ou un investisseur expérimenté en quête de nouvelles perspectives, ce guide est conçu pour vous offrir des connaissances pratiques, des conseils judicieux et une vision éclairée pour naviguer avec succès sur les marchés financiers. En combinant la sagesse acquise au fil des années avec les dernières recherches et tendances, j'ai créé un manuel exhaustif qui vous guidera à chaque étape de votre parcours d'investissement.

J'espère sincèrement que ce guide vous inspirera, vous informera et vous motivera à poursuivre vos aspirations financières avec confiance et détermination. Que ma vie d'investisseur soit une source d'inspiration et d'apprentissage pour vous, tout comme elle l'a été pour moi. Préparez-vous à embarquer pour un voyage inoubliable vers la réussite en bourse.

Bonne lecture,

Benjamin Pajot

Table des matières

Introduction 9

Chapitre 1 : Les fondamentaux de l'investissement 12

   I. Comprendre l'investissement : pourquoi investir et ce que cela implique 14

   II. Mythes et réalités : démystifier les idées fausses sur l'investissement 21

Chapitre 2 : Préparer l'investissement 33

   I. Évaluation de votre situation actuelle ... 35

   II. Définir vos objectifs financiers 41

   III. Établir une stratégie d'investissement adaptée à vos besoins 46

Chapitre 3 : Les différentes classes d'actifs .. 53

I. Actions : comprendre les marchés boursiers et comment investir en actions. 55

II. Obligations : les bases des investissements obligataires et leur rôle dans un portefeuille.. 63

III. Immobilier : investir dans l'immobilier locatif, les REIT et les fonds immobiliers . 70

Chapitre 4 : Construire et gérer un portefeuille.. 89

I. Diversification : comment répartir votre capital entre différentes classes d'actifs.... 90

Chapitre 5 : Outils et stratégies d'investissement... 106

I. Comprendre les états financiers 109

II. Avantages de l'investissement à long terme 119

III. Inconvénients de l'investissement à long terme 124

IV. Inconvénients du trading actif 128

V. Avantages du trading actif 133

VI. Investissement socialement responsable: comment investir selon vos valeurs personnelles 135

Chapitre 6 : Conseils pratiques pour réussir en Bourse 140

I. Psychologie de l'investisseur : gérer les émotions et éviter les pièges comportementaux 143

II. Éviter les erreurs courantes : conseils pour minimiser les risques d'erreur lors de l'investissement 146

III. Utilisation des ressources en ligne : sites web, forums et outils pour vous aider dans votre parcours d'investissement 151

Conclusion 163

Introduction

Dans le vaste monde de la finance, l'investissement en Bourse reste une voie à la fois passionnante et lucrative pour ceux qui osent s'y aventurer. Mais comment débuter ? Comment naviguer dans les méandres des marchés financiers, comment éviter les pièges et saisir les opportunités ? C'est là que ce guide prend tout son sens.

Devenir investisseur : guide étape par étape pour réussir en Bourse ne se limite pas à être un manuel d'investissement. Il retrace également l'histoire captivante d'un homme, moi-même, Benjamin Pajot, dont le parcours, entre succès et obstacles, offre une source précieuse de connaissances, de perspectives et de conseils pratiques pour tout investisseur débutant.

À travers les pages de ce guide, je vous accompagnerai pas à pas pour franchir les étapes essentielles afin de réussir dans le monde de l'investissement. Vous découvrirez les fondamentaux de la finance, vous explorerez les stratégies d'investissement les plus efficaces et vous apprendrez à gérer les défis et les émotions qui accompagnent chaque décision financière.

Mon histoire est celle d'un individu ordinaire qui, grâce à sa passion, son engagement et sa détermination, a transformé ses rêves d'indépendance financière en une réalité prospère. Des premiers pas hésitants sur les marchés financiers aux succès fulgurants en tant qu'investisseur reconnu, mon parcours est une source d'inspiration pour tous ceux qui aspirent à atteindre leurs objectifs financiers.

À travers mes expériences, mes leçons et mes conseils, vous découvrirez les secrets pour construire et faire prospérer un portefeuille financier solide. Que vous soyez novice, intermédiaire ou expert, ce guide est conçu pour vous fournir les outils, les connaissances et la confiance nécessaires pour réussir dans le monde exigeant de l'investissement.

Que votre objectif soit de planifier votre retraite, d'acheter une maison de rêve ou simplement de faire fructifier vos économies, *Devenir investisseur* vous accompagnera à chaque étape de votre parcours. Préparez-vous à être inspiré, informé et motivé à réaliser vos aspirations financières. Le voyage commence ici. Plongez dans les eaux profondes de la finance avec *Devenir investisseur*, un guide captivant qui vous emmènera à travers cinq chapitres essentiels pour maîtriser les arcanes de l'investissement en Bourse.

Chapitre 1 :
Les fondamentaux de l'investissement

Au début, il y avait une passion, une étincelle ardente qui brillait dans mes yeux. Issu d'une famille modeste, j'ai toujours eu une admiration pour ceux qui étaient capables de transcender la notion d'avoir de l'argent, de le transformer en quelque chose de plus vaste et de plus significatif. Dès mon plus jeune âge, j'ai donc pris la décision de percer les mystères de l'investissement, de devenir celui qui saurait saisir les opportunités offertes par les marchés financiers.

Mais ce chemin allait être semé d'embûches. Au début, je me sentais comme un novice, simple matelot sur une mer agitée, naviguant à vue, souvent désorienté par les fluctuations du marché. J'ai connu des succès éclairs, suivis de pertes dévastatrices. Pourtant, à chaque épreuve, j'ai appris. J'ai étudié les grands investisseurs du passé, scruté les tendances du marché et affiné ma stratégie au fil de mes expériences.

Aujourd'hui, après plusieurs années d'apprentissage et d'expérimentation, je suis devenu un investisseur reconnu pour ma perspicacité et mon pragmatisme. Malgré ce succès, je n'ai jamais oublié mes modestes débuts ni les défis auxquels font face ceux qui s'aventurent dans le monde de l'investissement.

C'est dans cet esprit que nous entamons ce premier chapitre, explorant les fondamentaux de l'investissement. Car avant de naviguer dans les eaux tumultueuses de la Bourse, il est essentiel de comprendre les principes de base qui sous-tendent cet univers complexe.

I. Comprendre l'investissement : pourquoi investir et ce que cela implique

Dans cette première section, je décris les motivations profondes qui m'ont poussé, tout comme de nombreux autres investisseurs, à m'engager sur le chemin de l'investissement financier.

Je me souviens encore du jour où j'ai pris conscience de la véritable portée de l'investissement. C'était lors d'une chaude journée d'été, alors que j'avais à peine douze ans. Je me tenais dans le jardin de la maison familiale, observant avec fascination mon grand-père, assis sur un vieux banc en bois, à l'ombre rafraîchissante d'un chêne majestueux. Son visage marqué par les années, mais ses yeux toujours brillants d'une lueur vive, il triait soigneusement des documents jaunis dans une vieille boîte en métal. Intrigué, je m'étais approché, piqué par la curiosité devant le sérieux qui enveloppait mon aïeul.

– C'est là que j'ai gardé toutes mes économies, Benjamin, m'avait-il dit d'une voix calme, mais empreinte d'émotion.

Il m'avait raconté comment, dans sa jeunesse, il avait travaillé dur pour économiser chaque centime, mettant de côté une petite somme chaque mois malgré les difficultés rencontrées. Puis, avec un geste lent et délibéré, il avait sorti un vieux carnet de cuir usé de la boîte. Les pages étaient remplies de notes, de chiffres et de diagrammes. C'était son journal d'investissement, un témoignage silencieux de ses décisions financières au fil des années.

– Cet argent, Benjamin, ce n'est pas seulement pour moi, avait-il continué, posant doucement une main ridée sur mon épaule. C'est aussi pour toi, pour tes parents et pour tes enfants à venir. L'argent peut être un outil puissant, mais c'est à nous de décider comment l'utiliser pour construire un avenir meilleur.

Ces paroles avaient résonné en moi, allumant une flamme qui brûlait désormais avec intensité. Je comprenais maintenant que l'investissement n'était pas simplement une question de profits et de pertes, mais une manière de créer un héritage, de bâtir quelque chose de durable qui survivrait au passage du temps. Au fil des années, cette conviction s'était enracinée, me motivant à investir de manière stratégique et réfléchie. J'avais appris que l'investissement pouvait offrir bien plus que de simples rendements financiers ; il pouvait également fournir la liberté financière, la sécurité pour ma famille et la possibilité de réaliser mes rêves les plus audacieux.

Mais investir ne se résumait pas simplement à mettre de l'argent dans des actions ou des fonds communs de placement. Cela impliquait également une compréhension profonde des risques et des récompenses, ainsi qu'un engagement à long terme envers mes objectifs financiers. J'ai aussi appris que pour réussir en tant qu'investisseur, il faut être prêt à faire preuve de patience, de discipline et de persévérance.

Mon grand-père avait évoqué le développement des nouvelles technologies. Il avait souligné comment l'accès à l'information avait été révolutionné, permettant aux investisseurs de disposer d'analyses plus précises et de données en temps réel pour prendre des décisions éclairées.

– Tu as une chance que je n'ai pas eue, Benjamin, avait-il déclaré. Aujourd'hui, tu peux accéder à une mine d'informations grâce à internet et à des outils d'analyse sophistiqués. En te formant, en lisant des guides et en restant au fait des dernières tendances, tu pourras affiner tes compétences et évoluer avec assurance dans le monde complexe de l'investissement.

En évoquant les récents développements des marchés financiers et les nouveaux enjeux du XXIe siècle, mon grand-père avait souligné l'importance de rester informé et adaptable dans un monde en constante évolution. Les technologies émergentes, les changements démographiques et les défis environnementaux étaient autant de facteurs à prendre en compte dans la construction d'une stratégie d'investissement solide et durable.

Ainsi, en comprenant pleinement les motivations qui me poussaient à investir et en acceptant les défis inhérents à cette démarche, j'étais prêt à entreprendre mon voyage sur les marchés financiers avec confiance et détermination. C'est donc ce même état d'esprit que je vous invite à adopter alors que vous commencez votre propre aventure en tant qu'investisseur. Que cette section soit une source d'inspiration pour votre futur dans le monde de l'investissement, vous préparant à aborder les défis et les opportunités qui se présentent à vous.

Cependant, malgré l'enthousiasme de mon grand-père pour les nouvelles technologies, je réaliserai plus tard qu'il y avait un aspect de l'investissement qu'il n'avait pas abordé : les dangers associés à ces avancées. Alors que les marchés financiers devenaient de plus en plus volatils, amplifiés par la vitesse à laquelle l'information se propage sur internet, il était devenu primordial pour les investisseurs d'être conscients des risques inhérents à cette hyperconnectivité. Les réseaux sociaux, en particulier, étaient devenus des terrains fertiles et exploités par les escrocs et les manipulateurs. Des pseudo-gourous promettaient des rendements extraordinaires en un temps record, abusant de la crédulité des investisseurs inexpérimentés. Plus tard, j'ai également entendu parler de nombreux cas d'individus se faisant entraîner dans des schémas de Ponzi et perdre d'importantes sommes d'argent, en suivant aveuglément les conseils de personnes peu scrupuleuses. Ainsi, bien que les nouvelles technologies offrent un accès sans précédent à l'information et aux outils d'analyse, je sais aujourd'hui qu'il est impératif de rester vigilant et critique dans ses choix d'investissement, et de se méfier des promesses trop belles pour être vraies.

II. Mythes et réalités : démystifier les idées fausses sur l'investissement

Après avoir exploré en profondeur mes propres motivations et convictions qui m'ont poussé vers l'investissement financier, je devais examiner de plus près les croyances répandues qui entourent ce domaine particulier. En démystifiant des idées toutes faites et en clarifiant les malentendus courants, je suis mieux équipé pour évoluer avec discernement dans ce monde complexe. Préparez-vous à remettre en question vos propres perceptions et à approfondir votre compréhension des véritables réalités de l'investissement, car seule une vision claire et dénuée de préjugés vous mènera vers le succès financier que vous désirez.

L'un des mythes les plus répandus auxquels j'ai été confronté est celui de **l'enrichissement**

rapide. En effet, nombreux sont ceux qui imaginent que l'investissement en Bourse peut conduire à des gains spectaculaires du jour au lendemain. Cependant, j'ai rapidement réalisé que le véritable succès en matière d'investissement exigeait à la fois patience et discipline. J'ai appris que les stratégies à long terme, basées sur une analyse approfondie et une gestion prudente des risques, étaient bien plus susceptibles de mener à des résultats durables que les tentatives de profiter des fluctuations à court terme du marché.

Pour les investisseurs débutants, comme je l'ai moi-même appris à mes débuts, l'important est d'avoir une stratégie à long terme. Ainsi, plutôt que de succomber à la tentation de gains rapides et des impulsions guidées par les émotions sur le marché, les investisseurs novices doivent comprendre que la construction d'une richesse durable nécessite une approche patiente et réfléchie. C'est en se concentrant sur des objectifs à long terme et en élaborant une stratégie d'investissement solide que vous saurez atténuer les risques inhérents à l'investissement et maximiser vos chances de succès.

Une stratégie de long terme vous permettra également de traverser les fluctuations du marché avec sérénité, en évitant les réactions impulsives. En investissant dans des actifs diversifiés et en restant fidèle à votre plan financier, vous pourrez construire un portefeuille solide et résilient, capable de générer des rendements durables et de soutenir vos objectifs financiers à long terme. En fin de compte, ce type de stratégie vous permettra d'évoluer avec confiance et assurance sur les marchés, tout en jetant les bases d'une véritable réussite financière.

Un autre mythe fréquent est celui de la

prédiction des marchés. Un jour, convaincu d'avoir identifié une opportunité prometteuse, j'ai investi une somme importante dans une entreprise en plein essor, convaincu que son prix allait bondir dans les jours à venir. Cependant, le cours de l'action a rapidement chuté, me faisant perdre un somme considérable. Cette expérience malheureuse a été un électrochoc et j'ai réalisé que même avec une analyse poussée et des prévisions apparemment crédibles, il était impossible de prévoir les mouvements du marché avec exactitude. J'ai compris qu'ils étaient souvent soumis à des variables, aussi nombreuses que complexes, telles que les événements économiques mondiaux, les décisions politiques et même les émotions des investisseurs.

Ainsi, il est nécessaire d'apprendre à diversifier votre portefeuille financier ; cela vous permettra d'atténuer les risques et de maximiser les rendements sur le long terme. Pour ce faire, il est recommandé de répartir les capitaux sur une variété d'actifs financiers, notamment des actions, des obligations, des fonds indiciels, des matières premières et, éventuellement, des biens immobiliers. En suivant ces conseils, j'ai fait baisser mes attentes (et mes coups de sang !) à la performance d'un seul secteur ou d'une seule entreprise, ce qui me permet de mieux résister aux fluctuations. J'ai également décidé de diversifier à l'intérieur même de chaque catégorie d'actif en choisissant différents secteurs économiques et géographiques. Enfin, j'ai ajusté l'allocation d'actifs en fonction de mon profil de risque et de mes objectifs personnels. En travaillant de cette façon, cela m'a offert une protection contre les pertes potentielles, tout en me permettant de générer des rendements solides et durables. Aujourd'hui, d'ailleurs, de nombreuses banques proposent aux investisseurs débutants – selon leur budget –, un exemple de portefeuille diversifié et rentable à long terme en prenant en compte les tendances actuelles. Ce qui permet aux clients de commencer sereinement à investir.

En suivant cette stratégie, mon portefeuille comprenait une combinaison d'actions de grandes entreprises dans différents secteurs économiques, ainsi que des obligations d'État et d'autres organisations pour la stabilité et le revenu régulier. J'ai également inclus des fonds indiciels pour bénéficier de la croissance à long terme des marchés boursiers mondiaux et enfin, j'ai alloué une petite partie de mon portefeuille à des actifs alternatifs, tels que des fonds immobiliers ou des matières premières.

Les investisseurs débutants sont souvent attirés par le mythe de la **richesse instantanée**.

C'est une croyance largement répandue, mais pourtant profondément trompeuse. Ceux qui entrent dans le monde de l'investissement en espérant réaliser des gains spectaculaires en un temps record se bercent d'illusions, bien loin de la réalité. L'investissement est un processus qui nécessite du temps, de la patience et une stratégie réfléchie. Souvenez-vous que les marchés financiers sont volatils et imprévisibles, et que les tentatives pour obtenir des gains rapides peuvent souvent conduire à des pertes importantes.

Le mythe de la richesse instantanée est souvent porté par des comportements impulsifs et spéculatifs, où les investisseurs prennent des risques excessifs dans l'espoir de réaliser des profits rapides. Malheureusement, cela aboutit plus souvent à des résultats désastreux, laissant les investisseurs dans une situation financière encore pire. Il est donc essentiel de reconnaître que l'investissement est un processus à long terme, où la construction d'une richesse durable nécessite une approche prudente, disciplinée et basée sur des objectifs réalistes.

J'ai joué sur la patience, et cela m'a permis de construire ma richesse de manière méthodique et durable. Un des exemples les plus frappants remonte à une décision que j'ai prise concernant l'achat d'actions d'une entreprise technologique émergente. Alors que beaucoup autour de moi étaient pris d'une fièvre spéculative, j'ai choisi d'attendre et d'observer. Plutôt que de céder à l'excitation du moment, j'ai pris le temps d'analyser, de comprendre sa stratégie à long terme et d'évaluer ses perspectives de croissance.

Pendant que la plupart de mes collègues cherchaient des gains rapides, je suis resté patient, convaincu que c'était la clé et finalement, cette décision a été payante. Avec le temps, mon investissement a rapporté des rendements significatifs.

Il faut être riche pour investir. Cette idée selon laquelle l'investissement est réservé exclusivement aux personnes fortunées est un mythe largement répandu. En plus d'être faux, elle dissuade souvent les individus de se lancer dans le monde de la finance et pourtant, rien ne pourrait être plus éloigné de la réalité. J'en suis un exemple éloquent, moi qui suis issu d'une famille modeste. J'ai commencé avec des ressources limitées, épargnant de petites sommes d'argent que j'investissais avec soin.

Lorsqu'on se trouve dans une telle situation, investir est au contraire important pour se bâtir un avenir financier solide et sécurisé.

Prenons l'exemple de Marie, une jeune professionnelle débutant sa carrière avec un salaire modeste. Bien que ses revenus soient limités, Marie a choisi de consacrer une partie de son budget mensuel à des investissements à long terme. En investissant régulièrement dans des fonds indiciels à faible coût et en utilisant des stratégies d'investissement à long terme, Marie a fait grossir son patrimoine financier, même avec des montants modestes.

De plus, en investissant tôt, Marie profite également de l'effet de levier du temps, permettant une croissance de son patrimoine grâce aux intérêts composés. Marie a su jeter les bases d'une sécurité financière future et s'est donnée les moyens d'atteindre ses objectifs à long terme, qu'il s'agisse d'acheter une maison, de financer l'éducation de ses enfants ou de préparer sa retraite. En fin de compte, investir représente donc un investissement dans son avenir et une étape pour obtenir une stabilité financière à long terme.

En démystifiant ces idées et en apprenant à partir d'expériences vécues, vous serez équipés pour éviter les pièges courants et adopter une approche réaliste et stratégique de l'investissement financier. Souvenez-vous toujours qu'en matière d'investissement, le succès repose sur une compréhension des réalités du marché et sur une approche réfléchie dans la prise de décision.

Après avoir compris les motivations derrière l'investissement et après avoir démystifié les idées fausses qui l'entourent, j'ai réalisé que le passage de la théorie à la pratique exigeait stratégie et préparation. Ainsi, en me suivant dans ma quête d'investissement, je vous invite à réfléchir à vos objectifs, à évaluer votre résistance au risque et à planifier votre parcours financier. Ainsi, vous serez mieux préparés à transformer vos désirs en réalités, tout en évoluant avec aisance sur les marchés financiers.

Chapitre 2 :
Préparer l'investissement

L'histoire de Maxime, offre une illustration criante des dangers de l'investissement sans préparation. C'était un jeune professionnel ambitieux, convaincu qu'il pouvait faire fructifier son argent rapidement en investissant des sommes importantes sur les marchés financiers. Poussé par le désir de gains rapides et aveuglé par les récits d'investisseurs chanceux, il a négligé les étapes de préparation et a pris des décisions impulsives. Malheureusement, il a investi un montant bien trop haut par rapport à ses revenus, sans avoir élaboré quoi que ce soit en amont. Évidemment, les résultats ont été désastreux. Les fluctuations du marché ont fait disparaître une grande partie de son investissement, le laissant dans une situation financière très précaire. Cette expérience a été une leçon brutale, mais elle met en lumière l'importance capitale d'une préparation avant de s'aventurer dans le monde de l'investissement.

Nous allons à présent parcourir les étapes essentielles pour préparer vos investissements au mieux, en évitant les pièges et en maximisant vos chances de succès en adoptant une approche méthodique et réfléchie.

Tout d'abord, il s'agit d'évaluer votre situation financière actuelle. C'est inévitable pour définir la trajectoire que vous allez suivre pour atteindre vos objectifs. Ensuite, il faut définir ces objectifs avec précision. C'est le premier pas vers le succès. Enfin, il s'agira de créer une stratégie d'investissement sur mesure, adaptée à vos besoins, à vos désirs et à votre tolérance au risque. En combinant ces trois éléments, vous aurez une vue complète et réelle de votre situation actuelle, ainsi que la somme que vous pouvez investir et la stratégie à adopter.

I. Évaluation de votre situation actuelle

Au début de mon parcours d'investissement, je me suis retrouvé dans la même situation que beaucoup de débutants. Comme eux, j'ai commis l'erreur de suivre aveuglément les traders réputés et les gourous du domaine. Séduit par les histoires de succès et les performances apparemment spectaculaires, j'ai cru que je pouvais avoir les mêmes résultats en copiant leurs mouvements. J'ai suivi leurs conseils à la lettre, investissant dans les mêmes actions, les mêmes fonds ou les mêmes produits financiers, convaincu de trouver le Graal.

Cependant, j'ai rapidement réalisé que cela ne

m'apportait pas les résultats escomptés. Les marchés sont imprévisibles par nature et ce qui fonctionne pour l'un peut très bien ne pas fonctionner pour l'autre, surtout si leur situation financière et leurs objectifs diffèrent. J'ai appris que suivre des traders réputés sans comprendre mes besoins ni évaluer ma tolérance au risque était le meilleur moyen de me retrouver dans une situation désastreuse. J'ai compris que je devais élaborer ma propre stratégie d'investissement, en me basant sur *ma* situation financière, *mes* objectifs et *ma* tolérance au risque. En adoptant cette approche plus personnelle, j'ai commencé à construire un portefeuille plus solide et mieux adapté à mes besoins, me promettant une croissance financière durable et équilibrée.

Pour illustrer l'importance de l'évaluation financière, surtout lorsque l'on dispose d'un faible capital de départ, prenons l'exemple de deux personnes, Alice et Julien.

Alice est l'héritière d'une fortune familiale importante. Disposant de ressources financières confortables, elle peut se permettre d'investir des sommes importantes sans craindre de conséquences malheureuses. Pour elle, le risque financier est relativement faible, car même en cas de pertes, elle a toujours un important filet de sécurité financier.

En revanche, Julien est un jeune, au début de sa carrière, avec un capital relativement modeste. Conscient de ses ressources limitées, il sait qu'il doit agir avec prudence et précaution. Avant de prendre une décision, il évalue sa situation financière. Il examine ses revenus, ses dépenses, ses dettes et son épargne. C'est à partir de cette évaluation qu'il comprend ses contraintes et sa capacité à prendre des risques. Il ne lui reste plus qu'à choisir des investissements qui correspondent à son profil et à ses objectifs.

En observant ces deux exemples, nous voyons l'importance de l'évaluation financière. Nous nous rendons bien compte également que vouloir investir sans une évaluation préalable peut être désastreux, surtout pour ceux qui ont des ressources limitées. Je me répète, mais il est **primordial de ne pas suivre aveuglément des conseils sans avoir une vue d'ensemble de sa situation, de son capital de départ et de sa tolérance au risque.**

Cette maxime est valable pour tout le monde, y compris pour moi, car l'évaluation de ma propre situation financière est bel et bien le socle sur lequel repose toute ma démarche d'investissement. J'ai compris l'importance de cette étape grâce à mes expériences, pas toutes couronnées de succès ! Durant plusieurs mois, je me suis forcé de ne plus investir aveuglément et je me suis formé auprès de professionnels.

Intéressé par les outils modernes de gestion financière, j'ai tout d'abord appris à utiliser des applications de budget, telles que Mint ou YNAB, pour suivre mes dépenses et avoir une image claire de ma situation financière. J'ai également tiré parti de calculatrices d'endettement en ligne pour évaluer mon ratio d'endettement et ma capacité à pouvoir prendre – ou pas – des engagements financiers supplémentaires.

Je me suis alors fixé un seuil pour mon ratio d'endettement avant de m'aventurer sur les marchés financiers. Pour moi, ce ratio d'endettement devait représenter une somme inférieure à 30 % de mes revenus bruts mensuels. Ce chiffre me permettait de m'assurer qu'une part raisonnable de mes revenus était allouée au remboursement de mes dettes, tout en laissant suffisamment de marge pour épargner et investir. Pour le surveiller, j'ai fait un calcul en divisant le total de mes dettes mensuelles par mon revenu mensuel brut. Lorsque ce ratio est resté en dessous du seuil fixé, je me suis senti suffisamment à l'aise pour investir. Cette approche m'a permis de m'assurer que les engagements que je voulais entreprendre étaient gérables et que je disposais de la marge de manœuvre nécessaire pour absorber les fluctuations, à la fois de mes revenus et des marchés financiers. Rappelez-vous que ce ratio est propre à chacun, qu'il doit être en adéquation avec les risques que vous êtes prêts à prendre et avec votre capital de départ. Retenez aussi que vous devez impérativement vous fixer un seuil précis !

Mon évaluation s'étant déroulée en plusieurs

étapes, j'ai également pris en compte mon épargne de précaution, mes investissements existants et mes besoins futurs, comme l'achat d'une maison ou l'anticipation de ma retraite. J'ai également tenu compte des imprévus, tels que des dépenses médicales ou une perte d'emploi. Cette évaluation exhaustive m'a permis d'avoir une vision claire de mes ressources, de mes contraintes et de mes opportunités. En suivant cet exemple, vous pouvez utiliser ces mêmes outils et ces méthodes pour évaluer votre situation financière.

II. Définir vos objectifs financiers

« Le secret pour obtenir des résultats extraordinaires est de hiérarchiser vos tâches et vos objectifs. Définissez des priorités pour tout ce que vous voulez accomplir, et concentrez-vous sur les tâches qui apporteront les plus grands bénéfices à long terme. »

Ainsi parlait le célèbre homme d'affaires Brian Tracy.

Définir ses objectifs financiers est d'une importance capitale, car cela permet d'imprimer la direction voulue à ses efforts et de garder le cap, même face aux fluctuations du marché. J'ai donc élaboré mes objectifs financiers avec attention, afin qu'ils me servent de repère pour me guider dans mes décisions. Pour moi, le fait de définir des objectifs était le fondement même de ma stratégie financière.

À court terme, mon rêve était de pouvoir partir en vacances avec toute ma famille. J'ai donc défini des objectifs concrets, mettant chaque mois une partie de mes revenus de côté et cherchant des moyens d'optimiser mon épargne. En me concentrant sur cette priorité, j'ai réussi à concrétiser mon rêve plus tôt que prévu, ce qui n'a fait que renforcer ma confiance en moi et en mes capacités. Cependant, pour mes rêves à plus long terme, comme acheter une maison avec piscine, à proximité de chez mes parents, j'ai mis en place une stratégie d'investissement à long terme, et j'ai cherché des opportunités pour faire croître mon capital, régulièrement, mais prudemment.

J'ai hiérarchisé mes priorités et aligné mes investissements en conséquence. De plus, définir des objectifs financiers en les priorisant a renforcé ma motivation et mon implication dans la réalisation de mon plan financier, car je pouvais voir immédiatement comment chaque décision me rapprochait de mes objectifs. Enfin, cette démarche m'a donné le sentiment que je pouvais contrôler le déroulement de mes actes et cela a assis ma confiance dans le fait que je pouvais façonner mon avenir financier selon mes propres critères.

Si j'ai eu la chance de pouvoir définir mes besoins financiers par moi-même grâce aux nombreux outils précédemment cités, il est courant que les débutants fassent appel à des professionnels. Rappelez-vous alors que même si aujourd'hui, il suffit d'une connexion internet et d'un ordinateur pour investir en Bourse, rien ne vaut l'avis d'un expert qui validera vos besoins, surtout lorsque vous débutez !

Chercher un conseil auprès de professionnels peut être une étape importante dans la planification de votre avenir financier. Les experts, comme les planificateurs financiers certifiés, les conseillers en investissement et les comptables, ont une expertise approfondie dans ce domaine et peuvent vous fournir des conseils précieux et personnalisés. Ils vous aideront à évaluer votre situation financière, à identifier vos objectifs et à élaborer une stratégie pour les atteindre. Ils peuvent également vous guider pour planifier votre retraite, pour gérer votre patrimoine, votre fiscalité et appréhender tout ce qui concerne les risques en la matière. Cependant, prenez garde à choisir des professionnels qualifiés et dignes de confiance, qui ont une expérience avérée et qui sont soumis à des normes éthiques strictes. Une fois les premières décisions prises, vous gagnerez en confiance et vous acquerrez une expérience précieuse dans ce domaine aussi complexe que l'investissement en Bourse.

Une fois les besoins financiers définis, il convient de mettre en place l'élément le plus important : la stratégie d'investissement. Le chapitre suivant soulignera de manière exhaustive les questions à vous poser dans l'élaboration de votre stratégie, ainsi que la manière de mettre en place cette stratégie grâce aux nombreux outils qui vous seront présenté.

III. Établir une stratégie d'investissement adaptée à vos besoins

Après avoir minutieusement défini mes besoins, j'ai élaboré une stratégie d'investissement adaptée à mes objectifs. Tout d'abord, j'ai pris conscience qu'il fallait me diversifier pour atténuer les risques ; j'ai donc entrepris une analyse approfondie des différentes classes d'actifs disponibles. J'ai étudié les avantages et les inconvénients de chacun d'eux pour déterminer lesquels seraient les mieux adaptés à mes besoins.

Il en existe en effet de nombreuses, chacune avec ses propres caractéristiques, avantages et inconvénients. Les actions, par exemple, représentent la propriété partielle d'une entreprise et offrent un potentiel de croissance à long terme et des dividendes. Cependant, elles sont sujettes à la volatilité et aux risques du marché.

Les obligations, elles, sont des titres de créance émis par des gouvernements ou des entreprises et offrent un revenu régulier sous forme de versements d'intérêts. Ces titres sont généralement considérés comme moins volatiles que les actions, mais ils présentent un risque de crédit si l'émetteur est en défaut. Les fonds immobiliers concernent les biens immobiliers commerciaux ou résidentiels et peuvent offrir des rendements stables à long terme, notamment grâce aux loyers perçus et à l'appréciation de leur valeur. Cependant, ils sont sensibles aux fluctuations du marché immobilier et peuvent être illiquides ; c'est-à-dire qu'il peut arriver que les biens immobiliers soient difficiles, voire impossibles, à être transformés en monnaie. Les matières premières, telles que l'or, le pétrole et les céréales, offrent une diversification et une protection contre l'inflation, mais peuvent être volatiles et difficiles à stocker. Enfin, les liquidités, comme les comptes d'épargne ou les fonds du marché monétaire, offrent une sécurité et une accessibilité immédiate, mais ont généralement des rendements plus faibles. En se diversifiant entre ces différents produits, les investisseurs peuvent atténuer leur risque global tout en recherchant un rendement optimal.

Après avoir identifié les classes d'actifs que je désirais, j'ai élaboré une répartition de ces actifs pour mon portefeuille. J'ai décidé d'allouer une partie de mes fonds à des investissements à faible risque pour préserver le capital et fournir une stabilité à court terme. En parallèle, j'ai investi dans des actions de sociétés bien établies et des fonds indiciels divers pour bénéficier de la croissance à long terme et de la création de richesse.

Pour cela, je me suis appuyé sur la célèbre

règle des 60/40, que tout investisseur doit connaître. Cette règle suggère une répartition de 60 % d'actions et de 40 % d'obligations. Par exemple, pour un portefeuille de 100 000 €, cela se traduirait par 60 000 € en actions et 40 000 € en obligations. Au sein de la part actions, une répartition pourrait être de 40 % en actions nationales, 20 % en actions internationales développées et 10 % en actions émergentes ce qui, pour notre exemple, représenterait respectivement 24 000 €, 12 000 € et 6 000 €. Pour la part obligations, une diversification pourrait être envisagée, avec par exemple 20 % en obligations d'État, 10 % en obligations d'entreprises à haut rendement et 10 % en obligations municipales, soit respectivement 8 000 €, 4 000 € et 4 000 €.

Il est important de noter que cette répartition est donnée à titre d'exemple et qu'elle peut évidemment varier en fonction des objectifs, du profil de risque et des préférences de chacun. De plus, il est recommandé de rééquilibrer régulièrement le portefeuille pour maintenir cette répartition en raison des fluctuations. Enfin, certains investisseurs peuvent choisir d'inclure d'autres classes d'actifs, comme l'immobilier, les matières premières ou les liquidités, pour une diversification supplémentaire.

Pour gérer efficacement mon portefeuille, j'ai défini une stratégie de rééquilibrage régulier, en planifiant de réajuster périodiquement ma répartition d'actifs. Par exemple, avec une allocation cible de 60 % d'actions et 40 % d'obligations dans mon portefeuille au départ, au bout d'un an, les actions ont bien progressé et représentent désormais 70 % de mon portefeuille, tandis que les obligations ne représentent plus que 30 %. Pour rétablir ma répartition cible, je vendrai une partie de mes actions et j'utiliserai la somme pour acheter de nouvelles obligations, ramenant ainsi mon allocation à 60/40.

Au fil des années, j'ai continué à rééquilibrer mon portefeuille en fonction des performances des différentes classes d'actifs, ce qui m'a permis de maintenir une exposition équilibrée, réduisant mon risque global et optimisant mes rendements potentiels. En outre, j'ai également profité des rééquilibrages pour ajuster ma stratégie d'investissement en fonction des changements dans mon profil de risque, dans mes objectifs financiers et dans les conditions du marché.

J'ai toujours gardé un œil attentif sur les tendances macroéconomiques, les événements géopolitiques et les changements réglementaires, qui sont des facteurs externes agissant souvent sur les marchés financiers. Le fait de rester informé et flexible face à ces changements est essentiel pour maximiser les rendements tout en réduisant les risques. J'ai pu mettre en place une stratégie d'investissement solide et diversifiée et au final, ce sont ma discipline, ma diligence et ma capacité à m'adapter aux fluctuations du marché qui ont constitué les bases de mon succès financier.

Maintenant, voyons les différentes classes d'actifs et leur fonctionnement. Sans cette compréhension, il sera difficile d'évoluer efficacement sur les marchés. Je me suis rendu compte de leur complexité et de leur diversité, ainsi que de l'émergence de nouvelles options, comme les crypto-monnaies et les ETF. Je sais maintenant qu'il faut mener une analyse approfondie et avoir une compréhension claire de chaque classe d'actifs pour prendre des décisions avec discernement.

Chapitre 3 :
Les différentes classes d'actifs

Lors d'une conférence sur l'investissement, j'ai eu le privilège de discuter avec un gestionnaire de portefeuille chevronné, qui a partagé avec moi son expérience dans le monde de l'investissement. Au cours de notre conversation, j'ai été fasciné par la multitude d'options à disposition, allant des actions et des obligations traditionnelles aux actifs plus larges, comme les matières premières, l'immobilier et même les œuvres d'art. Enthousiasmé par cette nouvelle perspective, j'étais prêt à me plonger dans ces nouvelles options, déterminé à élargir ma compréhension et mes horizons en matière d'investissement.

Tout d'abord, nous verrons l'univers dynamique des actions, afin de comprendre les marchés boursiers et de maîtriser l'art d'investir judicieusement pour maximiser nos rendements. Ensuite, nous étudierons les obligations, où nous verrons les bases des investissements obligataires et leur rôle dans la construction d'un portefeuille solide et équilibré. Puis, nous découvrirons l'immobilier, notamment les stratégies d'investissement dans l'immobilier locatif, les REIT et les fonds immobiliers. Il restera à explorer le domaine des matières premières, avec une plongée dans les investissements des métaux précieux, du pétrole et bien d'autres et enfin, nous terminerons en examinant les avantages et les inconvénients des fonds communs de placement et des ETF, ces instruments qui offrent une diversification et une accessibilité accrues aux investisseurs de tous horizons.

I. Actions : comprendre les marchés boursiers et comment investir en actions

commençons par les actions, également connues sous le nom de titres de propriété. Elles représentent des parts de propriété dans une entreprise, et leur valeur fluctue en fonction de divers facteurs, notamment les performances de l'entreprise, les conditions économiques et les fluctuations du marché.

Pour comprendre les marchés boursiers, il faut comprendre les concepts fondamentaux de l'offre et de la demande ; la liquidité ; les indices boursiers et les principaux acteurs du marché. Ensuite, il faut prendre en compte les différentes stratégies d'investissement, telles que l'investissement à long terme, le *day trading* et l'investissement dans des actions à dividende. Enfin, n'oublions pas les risques associés aux investissements, notamment la volatilité du marché, les fluctuations des prix et les risques spécifiques à l'entreprise.

Pour vous aider à démarrer dans ce monde spécifique, nous devons utiliser les méthodes d'analyse fondamentale et technique, ainsi que les ressources disponibles pour effectuer des recherches sur les entreprises et prendre des décisions d'investissement éclairées.

Enfin, nous aborderons les avantages et les inconvénients de l'investissement en actions par rapport à d'autres classes d'actifs, et nous discuterons de l'importance de la diversification dans la construction d'un portefeuille solide et équilibré. Souvenez-vous que dans le monde des investissements en actions, chaque transaction peut offrir de nouvelles opportunités et offrir des défis passionnants.

Concepts fondamentaux

Pour comprendre le fonctionnement des marchés boursiers et réussir dans l'investissement en actions, il est essentiel de maîtriser certains concepts. Tout d'abord, l'offre et la demande sont des forces motrices essentielles. L'offre représente le nombre d'actions disponibles à la vente à un certain prix, tandis que la demande représente le nombre d'actions que les investisseurs souhaitent acheter à ce même prix. Lorsque l'offre dépasse la demande, les prix ont tendance à baisser, et vice versa.

La liquidité est un autre concept capital, se référant à la facilité avec laquelle un actif peut être acheté ou vendu sur le marché sans affecter son prix de manière significative. Les actions très liquides peuvent être rapidement achetées ou vendues, tandis que les actions moins liquides peuvent entraîner des fluctuations de prix importantes lors de transactions importantes.

Les indices boursiers sont des mesures statistiques qui fournissent un aperçu de la performance globale du marché boursier. Ils sont généralement composés d'un panier d'actions, représentatives d'un secteur spécifique, d'un marché ou d'une économie. Les indices boursiers, tels que le S&P 500, le Dow Jones Industrial Average et le NASDAQ sont largement suivis par les investisseurs et les professionnels du marché pour évaluer sa santé et sa direction.

Enfin, les principaux acteurs du marché comprennent des participants aussi variés que les investisseurs individuels, les fonds de pension, les fonds d'investissement, les traders institutionnels, les courtiers et les teneurs de marché. Chaque acteur a un impact différent et leur comportement contribue à façonner la dynamique et les mouvements des prix sur les marchés. En comprenant ces concepts, les investisseurs peuvent mieux interpréter les mouvements du marché et prendre des décisions d'investissement plus éclairées.

Différentes stratégies d'investissement en action

Lors de notre étude, nous examinerons également différentes stratégies adoptées par les investisseurs. L'investissement à long terme est l'une des approches les plus courantes, où les investisseurs achètent des actions avec l'intention de les conserver pendant de nombreuses années, voire des décennies. Cette stratégie repose sur la conviction que les entreprises verront leur valeur croître avec le temps, malgré les fluctuations.

D'autre part, le *day trading* est une stratégie plus active, qui implique l'achat et la vente fréquents d'actions dans le but de profiter des mouvements de prix à court terme. Les *day traders* recherchent souvent des actions volatiles et utilisent des analyses techniques pour identifier les tendances et les opportunités. Cette stratégie nécessite une attention constante et une compréhension approfondie des modèles de prix.

Enfin, l'investissement dans des actions à dividende est une approche privilégiée par les investisseurs à la recherche de revenus passifs. Ces actions appartiennent souvent à des entreprises qui distribuent une partie de leurs bénéfices sous forme de dividendes réguliers. Les investisseurs peuvent réinvestir ces dividendes dans des actions ou les utiliser comme source de revenus supplémentaire.

Chacune de ces stratégies a des avantages et des inconvénients, et le choix de la stratégie dépend des objectifs, de la tolérance au risque et de l'horizon temporel.

Risques associés aux investissements en action

Investir dans des actions offre des opportunités de croissance et de création de richesse, mais il y a également certains risques à prendre en compte et tout d'abord, la volatilité du marché. Les prix des actions peuvent considérablement changer en fonction de divers facteurs : conditions économiques, performances de l'entreprise et événements mondiaux. Cela peut entraîner des pertes importantes, en particulier à court terme.

En outre, les risques spécifiques à l'entreprise doivent aussi être pris en considération. En effet, les performances d'une entreprise peuvent être affectées par des facteurs internes, tels que des problèmes de gestion, des litiges juridiques, des ruptures technologiques ou une concurrence. Les investisseurs doivent également surveiller des risques spécifiques, car des entreprises d'un même secteur peuvent être exposées aux mêmes défis.

Un autre risque est le risque de marché ; c'est-à-dire la possibilité que l'ensemble du marché subisse une baisse générale. Ces marchés peuvent être influencés par des événements macroéconomiques, des crises financières ou des chocs externes, ce qui entraînera des pertes pour l'ensemble du portefeuille.

Pour finir, il y a le risque de liquidité, qui est la difficulté de vendre des actions rapidement sans influencer leur prix. Les actions moins liquides peuvent être plus sensibles aux fluctuations et peuvent être difficiles à vendre en cas de besoin urgent de liquidités.

Enfin, il est important de noter que tous les investissements comportent un certain degré de risque, et l'investissement en actions n'est pas différent. Il est essentiel pour les investisseurs de comprendre ces risques et inconvénients, et d'adopter une approche équilibrée et diversifiée pour la construction et la gestion de leur portefeuille.

II. Obligations : les bases des investissements obligataires et leur rôle dans un portefeuille

Quand j'ai fait mes premiers pas dans le monde de la finance, j'ai été rapidement attiré par les promesses de rendements élevés, offertes par les actions. Cependant, j'ai vite réalisé que mon portefeuille était déséquilibré et exposé à un niveau élevé de volatilité, ce qui me rendait vulnérable aux fluctuations. C'est à ce moment-là que j'ai décidé de me plonger dans l'étude des obligations.

Les obligations représentent un pilier important pour construire un portefeuille diversifié et équilibré. Les obligations sont essentiellement des contrats de prêt entre l'émetteur de l'obligation et l'investisseur. L'émetteur emprunte de l'argent à l'investisseur en échange de l'engagement de rembourser le capital emprunté à une date future prédéterminée, appelée échéance, et de payer des intérêts périodiques, appelés coupons, tout au long de la durée de vie de l'obligation.

L'un des éléments à comprendre est le taux d'intérêt, qui détermine le montant des paiements des intérêts que l'investisseur recevra tout au long de la vie de l'obligation. Par exemple, une obligation avec un taux d'intérêt de 5 % paiera 5 % du montant nominal de l'obligation sous forme de coupons chaque année. Le taux d'intérêt est également lié au prix de l'obligation sur le marché secondaire : lorsque les taux d'intérêt du marché augmentent, la valeur des obligations diminue, et vice versa.

La durée de vie d'une obligation représente la période pendant laquelle l'investisseur recevra le versement des intérêts et le remboursement du capital. Elle peut avoir une durée courte, moyenne ou longue, en fonction de son échéance. Les obligations à court terme ont généralement une durée de vie de moins de cinq ans, tandis que les obligations à long terme vont jusqu'à dix ans ou plus. Enfin, si elles ont tendance à proposer des rendements plus élevés, elles sont également plus sensibles aux fluctuations des taux d'intérêt.

Le rendement à l'échéance (ou taux de rendement) est un indicateur clé de la rentabilité d'une obligation. Il représente le taux de rendement annuel que l'investisseur recevrait s'il détenait l'obligation jusqu'à son échéance et si tous les paiements d'intérêts étaient réinvestis au même taux. Par exemple, si un investisseur achète une obligation à un taux d'intérêt initial de 5 % et la conserve jusqu'à son échéance, il recevra un rendement de 5 % par an sur son investissement, à condition que l'émetteur de l'obligation ne fasse pas défaut.

Lors de l'investissement en obligations, le risque de crédit est également un aspect important à considérer. C'est le risque que l'émetteur de l'obligation ne puisse pas rembourser le capital emprunté ou verser les intérêts convenus. Les obligations émises par des gouvernements ou des entreprises sont généralement considérées comme présentant un risque de crédit plus faible, tandis que les obligations émises par des entreprises moins solides ou des entités plus petites peuvent présenter un risque de crédit plus élevé. En effet, les obligations d'État et d'entreprises présentent des différences importantes en termes de risque, ce qui se reflète dans leurs rendements respectifs sur le marché. En général, les obligations d'État sont considérées comme moins risquées que les obligations d'entreprises, en raison de la solvabilité des gouvernements souverains. Par exemple, les obligations du Trésor américain, souvent considérées comme l'actif sans risque de référence, ont historiquement offert des rendements inférieurs, mais plus stables, par rapport aux obligations d'entreprises.

Pour illustrer cette différence, prenons l'exemple des rendements des obligations à dix ans. En supposant un contexte où le rendement d'une obligation d'État à dix ans est de 2 %, un investisseur peut s'attendre à ce que cette obligation offre un rendement annuel de 2 % sur une période de dix ans, sous réserve que l'émetteur de l'obligation ne fasse pas défaut.

En revanche, pour les obligations d'entreprises, généralement associées à un risque de crédit plus élevé, offrent aussi des rendements plus élevés pour compenser ce risque. Par exemple, une obligation d'entreprise à dix ans peut offrir un rendement de 4 %, soit 2 % de plus que l'obligation d'État.

Les investisseurs qui recherchent la sécurité et la stabilité peuvent être attirés par les obligations d'État en raison de leur solvabilité élevée, tandis que ceux qui sont prêts à accepter un niveau de risque plus élevé peuvent opter pour les obligations d'entreprises, en raison des rendements plus élevés qu'elles offrent. En fin de compte, le choix entre les obligations d'État et d'entreprises dépend des objectifs, de la tolérance au risque et de la stratégie d'investissement de chacun.

Dans un portefeuille d'investissement, les obligations jouent plusieurs rôles. Tout d'abord, elles offrent une source de revenu stable et prévisible, ce qui en fait un instrument attrayant pour ceux qui recherchent sécurité et stabilité. De plus, les obligations agissent comme un contrepoids aux actions en offrant une diversification du portefeuille. Elles peuvent aussi être utilisées pour ajuster le profil de risque du portefeuille, soit en choisissant des obligations à faible risque – pour la préservation du capital –, soit en choisissant des obligations à rendement plus élevé – pour la recherche de revenu supplémentaire.

III. Immobilier : investir dans l'immobilier locatif, les REIT et les fonds immobiliers

Après avoir consacré plusieurs années d'efforts, j'avais amassé une somme d'argent que je voulais investir judicieusement pour assurer mon avenir. Parmi les différentes options à ma disposition, il y avait l'immobilier locatif, qui avait de nombreux avantages. Cette idée de louer des appartements – ou des maisons – m'avait toujours attiré, pour l'opportunité qu'elle offrait de générer des revenus passifs tout en construisant un patrimoine à long terme. Voulant concrétiser cette vision, je me suis lancé à la recherche de ma première propriété.

Après plusieurs semaines, j'ai découvert une petite maison dans un quartier paisible. Bien que quelques rénovations soient nécessaires, je pouvais en voir le potentiel à tirer. J'ai donc décidé de saisir cette opportunité et d'investir pour en faire mon premier bien locatif. J'ai entrepris les travaux avec l'aide de quelques entrepreneurs locaux ; j'ai consacré de longues heures à superviser chaque étape, veillant à ce que la maison soit rénovée selon mes critères. Puis, une fois les travaux achevés, j'ai mis la maison en location.

Grâce à mes recherches et à mon sens des affaires, j'ai rapidement trouvé des locataires fiables et signé un bail avantageux. Désormais, non seulement les loyers perçus couvraient les coûts d'entretien et de remboursement, mais en plus, ils me fournissaient un bénéfice supplémentaire.

Fort de ce premier succès, j'ai acquis d'autres propriétés. Grâce à mon audace pour faire le premier pas, à mon travail et à ma persévérance, je me suis constitué un portefeuille prospère, qui m'assure des revenus passifs stables et une sécurité financière. Mon expérience illustre parfaitement les possibilités offertes par l'investissement immobilier locatif.

Investir dans l'immobilier est en effet depuis longtemps considéré comme l'un des moyens les plus sûrs et les plus rentables de se constituer un patrimoine à long terme. Que vous soyez un investisseur débutant ou un entrepreneur ambitieux, l'immobilier offre une multitude d'options d'investissement adaptées à tous les profils.

Investir dans l'immobilier locatif

L'immobilier locatif consiste à acheter des propriétés immobilières dans le but de les louer à des locataires en échange de loyers réguliers. Pour les débutants, l'immobilier locatif offre plusieurs avantages. Tout d'abord, cela permet de générer des revenus passifs stables à long terme, car les loyers des locataires servent à couvrir les coûts d'entretien et de remboursement. De plus, l'immobilier locatif offre la possibilité de bénéficier de l'appréciation du capital, car la valeur des biens immobiliers a tendance à augmenter avec le temps.

Cependant, cela nécessite aussi une certaine planification et une compréhension du marché immobilier local. Avant d'investir, il est essentiel de faire une analyse du marché pour identifier les quartiers attractifs, d'évaluer les coûts de maintenance et de gestion de la propriété, et de comprendre les lois et réglementations en vigueur. De plus, il est important de considérer les risques, associés à la vacance des locataires et aux fluctuations du marché immobilier.

Investir dans les REIT

Les REIT, ou sociétés d'investissement

immobilier cotées en Bourse, offrent une alternative pratique à l'investissement direct. Ce sont des sociétés qui détiennent, exploitent ou financent des biens immobiliers générant des revenus, tels que des immeubles de bureaux, des centres commerciaux, des appartements et des hôtels. En investissant dans des REIT, les investisseurs peuvent accéder à un portefeuille diversifié de biens immobiliers sans avoir à acheter ou à gérer directement des propriétés.

Les REIT offrent également des avantages en termes de liquidité et de diversification. Étant donné qu'elles sont cotées en Bourse, les investisseurs peuvent acheter et vendre des actions de manière rapide et facile. De plus, les REIT distribuent la majeure partie de leurs revenus sous forme de dividendes, offrant ainsi aux investisseurs des rendements réguliers et attractifs.

Investir dans les fonds immobiliers

Les fonds immobiliers, ou fonds communs de placement immobilier (FCPI), investissent dans une variété de biens immobiliers, tels que des immeubles de bureaux, des centres commerciaux, des appartements et des terrains. Ils permettent aux investisseurs de diversifier leur portefeuille immobilier en investissant dans un portefeuille de propriétés géré de manière professionnelle par des experts du secteur.

Ils offrent plusieurs avantages, notamment une gestion professionnelle et une diversification accrue. En investissant dans un fonds immobilier, les investisseurs bénéficient de l'expertise d'une équipe professionnelle chargée de sélectionner, d'acquérir et de gérer les propriétés au nom des investisseurs. De plus, les fonds immobiliers permettent aux investisseurs de diversifier leur portefeuille en investissant dans une gamme de propriétés et de secteurs immobiliers.

Matières premières : introduction aux investissements dans les métaux précieux, le pétrole, etc.

Une autre des décisions qui ont vraiment marqué mon parcours a été mon choix d'investir dans les métaux précieux. Alors que planait une forte incertitude économique et que les investisseurs recherchaient des actifs sûrs, j'ai alloué une part importante de mon portefeuille à l'or et à l'argent. Ces décisions se sont avérées judicieuses, car les prix de ces métaux ont atteint des sommets historiques. À une époque où l'accès aux marchés financiers est devenu si accessible grâce à la technologie numérique, il est désormais plus facile que jamais d'acheter un lingot d'or ou un baril de pétrole.

Investir dans les matières premières peut sembler intimidant pour les débutants, mais avec une compréhension de base et une approche prudente, cela peut devenir une stratégie d'investissement lucrative.

Métaux précieux

Les métaux précieux, tels que l'or et l'argent, ont longtemps été considérés comme des actifs refuge en période d'incertitude économique. Investir dans l'or et l'argent peut offrir une protection contre l'inflation, contre la dépréciation des devises et contre les fluctuations du marché boursier. De plus, ils peuvent servir de couverture contre les risques géopolitiques et les crises financières.

Pour investir dans les métaux précieux, les débutants ont plusieurs options. Ils peuvent acheter des lingots d'or et d'argent physiques, des pièces de monnaie précieuses ou investir dans des fonds négociés en Bourse (ETF) adossés à l'or et à l'argent. Les ETF offrent l'avantage de la liquidité et de la facilité de négociation sur les marchés boursiers, tandis que la possession physique des métaux précieux offre une sécurité supplémentaire en période de crise.

Pétrole

Le pétrole est une matière première essentielle dans l'économie mondiale, utilisée dans de nombreux secteurs, tels que l'énergie, les transports et la fabrication. Investir dans le pétrole peut offrir des opportunités importantes de profit, mais il est important de comprendre les risques associés à cette matière première.

Pour investir dans le pétrole, les débutants peuvent utiliser des contrats à terme, des options ou des fonds négociés en Bourse (ETF) spécialisés dans le secteur de l'énergie. Il est également possible d'investir dans des sociétés pétrolières et gazières cotées en Bourse, bien que cela implique un niveau de risque supplémentaire à cause de la fluctuation des prix du pétrole et à d'autres facteurs.

Autres produits de base

Outre l'argent, l'or et le pétrole, il existe de nombreuses autres matières premières dans lesquelles investir. Ces produits comprennent des produits agricoles, tels que le blé, le maïs et le soja, ainsi que des métaux industriels, tels que le cuivre, le nickel et le zinc.

Investir dans ces produits peut offrir une diversification supplémentaire à un portefeuille d'investissement, mais il est important de comprendre les facteurs spécifiques à chaque marché et de faire des recherches avant de prendre des décisions d'investissement.

Considérations importantes pour les débutants

Avant d'investir dans les matières premières, il est essentiel de comprendre les risques associés à ces marchés. Les prix des matières premières peuvent être volatils et influencés par une multitude de facteurs, tels que l'offre et la demande, les conditions météorologiques, les événements géopolitiques et les fluctuations des devises.

De plus, il est important de diversifier son portefeuille en investissant dans plusieurs matières premières, plutôt que de se concentrer sur une seule. Cela permet de réduire le risque à une seule matière première et de mieux se protéger contre les fluctuations du marché.

Enfin, il est recommandé aux débutants de consulter un conseiller financier ou un expert en investissement avant de se lancer dans ce type d'investissement. Un professionnel peut fournir des conseils personnalisés et aider à élaborer une stratégie d'investissement adaptée aux objectifs financiers et au profil de risque de chaque investisseur.

Fonds communs de placement et ETF : avantages et inconvénients de ces instruments financiers

Dans le monde de l'investissement, les fonds communs de placement et les fonds négociés en Bourse (ETF) ont offert des outils puissants aux investisseurs, en proposant une diversification instantanée et un accès à une gamme diversifiée d'actifs. Bien que ces produits n'existaient pas encore lorsque j'ai commencé, ils représentent désormais une opportunité significative pour tous les investisseurs.

Les fonds communs de placement sont des véhicules d'investissement qui permettent aux investisseurs de regrouper leurs fonds avec d'autres investisseurs pour acheter une variété d'actifs, tels que des actions, des obligations et des produits de base. Gérés par des professionnels de la gestion de portefeuille, ces fonds offrent une diversification instantanée et une gestion active ou passive, selon le style de gestion choisi.

D'autre part, les ETF sont des fonds d'investissement négociés en Bourse, qui suivent un indice spécifique, une matière première ou un panier d'actifs. Contrairement aux fonds communs de placement, les ETF sont négociés en Bourse comme des actions, ce qui signifie que leur prix peut fluctuer tout au long de la journée en fonction de l'offre et de la demande.

Bien que ces produits puissent sembler complexes, ils offrent une plus grande accessibilité aux marchés financiers mondiaux, permettant aux investisseurs de bénéficier de la gestion professionnelle et de la diversification instantanée, sans avoir à choisir des actions ou des obligations. Ainsi, ils représentent une option incontournable pour les investisseurs cherchant à optimiser leur portefeuille et à atteindre leurs objectifs financiers à long terme.

Avantages des fonds communs de placement

- Diversification instantanée : les fonds communs de placement permettent aux investisseurs de détenir une variété d'actifs, tels que des actions, des obligations et des produits de base, avec un seul investissement. Cela offre une diversification instantanée, réduisant ainsi le risque spécifique à un actif individuel.

- Gestion professionnelle : les fonds communs de placement sont gérés par des professionnels de la gestion de portefeuilles qui prennent des décisions d'investissement en fonction des objectifs du fonds et des conditions du marché. Cette gestion contribue à optimiser les rendements et à atténuer les risques.

- Accessibilité : les fonds communs de placement sont accessibles à tous les types d'investisseurs, qu'ils disposent d'un capital important ou non. Il est possible d'investir dans des fonds communs de placement avec des montants relativement faibles, ce qui les rend idéaux pour les débutants.

Inconvénients des fonds communs de placement

- Frais de gestion : les fonds communs de placement imposent généralement des frais de gestion annuels, qui peuvent réduire les rendements nets pour les investisseurs Il est important de les comprendre et de les prendre en compte lors de l'évaluation des fonds.

- Liquidité limitée : contrairement aux ETF, les fonds communs de placement ne sont pas négociés en Bourse, ce qui signifie que leur liquidité peut être limitée. Les investisseurs peuvent donc ne pas être en mesure de vendre leurs parts immédiatement en cas de besoin urgent de liquidités.

Avantages des ETF

- Liquidité : les ETF sont négociés en Bourse, ce qui signifie que les investisseurs peuvent acheter et vendre des parts tout au long de la journée à des prix en temps réel. Cela offre une liquidité accrue par rapport aux fonds communs de placement.

- Frais de gestion faibles : les ETF ont tendance à avoir des frais de gestion plus bas que les fonds communs de placement, ce qui peut se traduire par des rendements nets plus élevés pour les investisseurs.
- Transparence : les ETF sont totalement transparents sur leurs avoirs sous-jacents, ce qui permet aux investisseurs de savoir exactement ce qu'ils ont dans leur portefeuille.

Inconvénients des ETF

- Pas de gestion active : contrairement aux fonds communs de placement, les ETF ne sont pas gérés activement par des professionnels de la gestion de portefeuille. Ils suivent généralement un indice ou un panier d'actifs spécifique, ce qui signifie qu'ils ne bénéficient pas de la même expertise en matière de sélection des investissements.

- Difficulté à trouver les meilleurs ETF : avec la prolifération des ETF sur le marché, il peut être difficile pour les investisseurs de trouver les meilleurs pour leurs besoins spécifiques. Une recherche et une compréhension des caractéristiques de chacun sont nécessaires pour prendre des décisions d'investissement éclairées.

En conclusion, les fonds communs de placement et les ETF offrent tous deux des avantages uniques pour les investisseurs débutants cherchant à construire un portefeuille diversifié. Il est important de peser les avantages et les inconvénients de chaque option et de choisir celle qui correspond le mieux à vos objectifs financiers, à votre tolérance au risque et à votre horizon temporel. En travaillant avec un conseiller financier professionnel, vous pouvez élaborer une stratégie d'investissement personnalisée qui vous aidera à atteindre vos objectifs financiers à long terme.

Chapitre 4 :
Construire et gérer un portefeuille

Dans le monde des marchés financiers, j'étais face à un vaste éventail de possibilités et de connaissances. Armé de mes quelques années d'études et de mon expérience, j'avais une compréhension correcte des mécanismes boursiers, des outils d'analyser des tendances et des stratégies pour investir. Je jonglais avec aisance avec les concepts de l'analyse fondamentale et technique, les ratios financiers et les graphiques boursiers.

Pourtant, il me manquait une compétence : comment construire et gérer un portefeuille. J'avais les connaissances nécessaires pour comprendre les mouvements du marché, mais il me manquait le savoir pour assembler et administrer un ensemble d'investissements.

Du choix des actifs à inclure à la diversification pour réduire les risques, il est important de voir les différentes facettes de cette compétence. Nous verrons également les méthodes de gestion, du rééquilibrage périodique à l'ajustement stratégique, en fonction des conditions du marché, afin de maximiser les rendements et en minimisant les risques.

I. Diversification : comment répartir votre capital entre différentes classes d'actifs

La diversification est une stratégie fondamentale pour tout investisseur. Cette approche consiste à répartir votre capital entre différentes classes d'actifs afin de réduire les risques et de maximiser les rendements.

Imaginez que vous ayez investi tout votre argent dans une seule entreprise, et que cette entreprise périclite, voire ferme ses portes. Vous pourriez perdre une grande partie – ou la totalité – de votre investissement. C'est là qu'intervient la diversification. En répartissant votre argent entre différentes classes d'actifs, vous réduisez le risque de perte en cas de sous-performance d'un seul actif.

Exemple pratique

Imaginons une personne avec un capital de départ de 100 000 €. Au lieu d'investir tout son argent dans une seule action ou une seule catégorie d'actifs, elle opte pour une approche diversifiée.

Elle alloue 60 % de son capital à des actions en investissant dans différentes entreprises, réparties sur différents secteurs. Par exemple, elle détient des actions dans des sociétés technologiques, des entreprises du secteur de la santé et des entreprises financières.

Pour réduire le risque, elle investit 30 % de son capital dans des obligations. Ces obligations peuvent être d'État, d'entreprises ou municipales.

Enfin, elle alloue 10 % de son capital à des fonds indiciels, qui offrent une exposition diversifiée à un panier d'actions ou d'obligations.

Maintenant que nous avons examiné cet exemple, comment pouvez-vous appliquer ces principes à votre propre portefeuille ? Voici quelques étapes :

1. <u>Évaluez votre tolérance au risque :</u> avant d'investir, déterminez votre tolérance au risque. Êtes-vous prêt à prendre des risques pour des rendements potentiels plus élevés,

ou préférez-vous une approche plus conservatrice ?

2. <u>Choisissez une répartition d'actifs</u> : en fonction de votre tolérance au risque et de vos objectifs financiers, décidez de la répartition de votre portefeuille entre actions, obligations et autres classes d'actifs.

3. <u>Diversifiez à l'intérieur de chaque catégorie</u> : une fois que vous avez décidé de la répartition de votre portefeuille, assurez-vous de diversifier encore une fois à l'intérieur de chaque catégorie. Par exemple, si vous investissez dans des actions, choisissez des entreprises de différents secteurs et régions géographiques.

4. <u>Surveillez et rééquilibrez :</u> surveillez régulièrement votre portefeuille et rééquilibrez-le si nécessaire. Les performances des différentes classes d'actifs peuvent varier avec le temps,

alors assurez-vous que votre répartition reste en ligne avec vos objectifs initiaux.

Allocation d'actifs : déterminer la répartition idéale de votre portefeuille en fonction de vos objectifs et de votre tolérance au risque

L'histoire de Paul, un de mes amis, m'a enseigné une terrible leçon sur l'importance de comprendre sa tolérance au risque lors de la construction de son portefeuille. Il avait débuté sa carrière en tant que trader, jouant avec des actifs risqués avec une confiance apparente. Cependant, malgré son expertise et son expérience, il a rapidement été submergé par des crises de panique qui menaçaient sa santé mentale.

Ce n'était pas une question de compétences ou de connaissances. Au contraire, son talent était indéniable. Mais sa nature anxieuse, aggravée par les pressions incessantes des marchés, a finalement pris le dessus. Après plusieurs années de lutte, Paul a réalisé qu'il ne pouvait plus continuer ainsi. Il a donc pris une décision: réorienter son portefeuille vers des actifs moins risqués. Malgré les doutes quant à la prudence de cette décision, Paul a ressenti un véritable soulagement. En troquant ses actifs volatils contre des investissements plus stables et moins stressants, il a réussi à retrouver son équilibre et à protéger sa santé mentale.

L'histoire de Paul m'a montré l'importance de comprendre ma tolérance au risque dans la constitution d'un portefeuille. Je vais donc expliquer les principes de l'allocation d'actifs et les facteurs à considérer pour décider de la répartition idéale d'un portefeuille. De la définition des objectifs financiers à l'évaluation de sa tolérance au risque, il faut construire un portefeuille qui vous convienne, en accord avec vos aspirations et votre bien-être mental.

L'allocation d'actifs consiste à répartir votre capital entre différentes catégories, telles que les actions, les obligations, l'immobilier et les liquidités. Comme vous le savez, chaque classe d'actifs réagit différemment aux conditions du marché ; ainsi, une combinaison judicieuse peut atténuer les pertes tout en offrant des rendements attractifs.

Avant de commencer à allouer votre capital, il est primordial de définir vos objectifs financiers et d'évaluer votre tolérance au risque. Par exemple, si votre objectif est la croissance à long terme et que vous avez une tolérance élevée au risque, vous pouvez opter pour une répartition plus agressive et choisir plus d'actions. Si vous visez une préservation du capital et que vous êtes plus frileux, il vaudra mieux privilégier les obligations et les liquidités.

Exemples pratiques

Sarah, qui est une jeune investisseuse, souhaite se constituer un portefeuille pour financer sa retraite. Après avoir évalué ses objectifs à long terme et sa tolérance au risque, Sarah décide d'adopter une répartition entre actions et obligations. Elle alloue 70 % de son capital aux actions et 30 % dans des obligations.

En revanche, Thomas, un investisseur plus âgé et qui approche de la retraite, préfère une approche plus conservatrice. Il décide donc d'allouer la plus grande partie de son capital aux obligations, soit 60 %, pour s'assurer des revenus stables et prévisibles, et les 40 % restants seront investis dans des actions.

Surveiller et rééquilibrer

Une fois votre portefeuille construit, il est important de le surveiller régulièrement et de le rééquilibrer si nécessaire. Les performances des différentes classes d'actifs peuvent varier avec le temps, ce qui peut entraîner un déséquilibre. En réajustant périodiquement votre portefeuille, vous maintenez votre allocation d'actifs conforme à vos objectifs financiers et à votre tolérance au risque.

En conclusion, l'allocation d'actifs est une stratégie essentielle pour tout investisseur soucieux de maximiser les rendements tout en atténuant les risques. En suivant les étapes décrites dans cette partie et en prenant en compte vos objectifs et votre tolérance au risque, vous pouvez construire un portefeuille solide et équilibré.

Gestion des risques : techniques pour minimiser les risques tout en maximisant les rendements

Investir sur les marchés financiers comporte toujours une part de risque. Cependant, une gestion judicieuse de ces risques peut atténuer les pertes et maximiser les rendements sur le long terme. Dans cette partie, nous explorerons diverses techniques pour gérer les risques de manière efficace, en utilisant des exemples concrets d'entreprises cotées en Bourse.

<u>Diversification : répartir les risques</u>

La diversification est l'une des stratégies les plus fondamentales pour minimiser les risques. En investissant dans un large éventail d'actifs, vous réduisez l'impact de la sous-performance d'une entreprise ou d'un secteur sur l'ensemble de votre portefeuille. Par exemple, plutôt que d'investir tout votre capital dans une seule entreprise comme Tesla, vous pouvez diversifier en incluant des actions d'autres entreprises, telles que Microsoft, Apple et Johnson & Johnson. Ainsi, même si une entreprise connaît des difficultés, les gains réalisés par les autres peuvent compenser les pertes.

Utilisation de produits dérivés pour la couverture

Les produits dérivés, tels que les options et les contrats à terme, peuvent également être utilisés pour couvrir les risques. Par exemple, si vous avez des actions de Google et que vous craignez une baisse des cours, vous pouvez acheter des options de vente sur les actions de Google pour vous protéger contre une éventuelle chute. Si les actions de Google baissent, la valeur de vos options de vente augmente, compensant ainsi les pertes subies sur vos actions.

Allocation active et passive

Pour minimiser les risques, vous pouvez aussi choisir les allocations d'actifs actives ou passives. Dans une approche active, les gestionnaires cherchent à faire grimper le marché en sélectionnant des actions spécifiques et en ajustant la répartition des actifs en fonction des conditions du marché. Une approche passive consiste à suivre un indice de référence, tel que le S&P 500, en investissant dans un fonds indiciel qui reproduit la composition de cet indice. Par exemple, vous pouvez investir dans un fonds indiciel, tel que le SPDR S&P 500 ETF Trust, qui détient des actions de toutes les sociétés incluses dans l'indice S&P 500. Cette possibilité vous permet d'avoir un portefeuille diversifié avec des frais de gestion généralement plus faibles.

Évaluation des fondamentaux de l'entreprise

Enfin, une gestion des risques efficace implique une évaluation minutieuse des fondamentaux de chaque entreprise dans laquelle vous investissez. Cela comprend l'analyse des états financiers, la santé de l'industrie, la position concurrentielle de l'entreprise et les perspectives de croissance. Par exemple, si vous envisagez d'investir dans des actions de Netflix, vous devrez examiner les chiffres de croissance des abonnés, les performances financières récentes et les tendances du marché de la diffusion en continu ; cela vous servira à savoir si l'entreprise est bien positionnée.

En conclusion, la gestion des risques est essentielle pour tout investisseur soucieux de protéger son capital et de maximiser les rendements sur le long terme. En utilisant des techniques telles que la diversification, l'utilisation de produits dérivés, l'adoption d'approches actives ou passives et l'évaluation des fondamentaux des entreprises, vous pouvez construire un portefeuille résilient et durable dans un environnement financier dynamique.

Suivi de votre portefeuille : l'importance du suivi régulier de vos investissements et comment ajuster votre stratégie en conséquence

Imaginez la scène : je décide enfin de m'accorder quelques semaines de vacances bien méritées, loin de l'agitation des marchés. Déconnecté de mon portefeuille et absorbé par le plaisir du farniente, je laisse derrière moi mes préoccupations financières, convaincu que tout est en ordre.

Pourtant, une catastrophe naturelle frappe, menaçant de bouleverser les marchés – et potentiellement, mon portefeuille. Ce n'est que lorsque je reviens à la civilisation, après plusieurs semaines d'isolement, que je réalise l'ampleur de la situation.

Par chance, je prends l'initiative de vérifier mon portefeuille dès mon retour et c'est là que je me félicite d'avoir suivi mes investissements régulièrement. Je parviens donc à prendre des mesures pour limiter les dommages et à ajuster ma stratégie. Cette anecdote met en lumière l'importance du suivi régulier de votre portefeuille.

Dans l'univers de l'investissement, la bonne gestion d'un portefeuille ne se limite pas à l'achat et à la détention d'actifs. Grâce à des outils de suivi avancés, tels que des plateformes de gestion de portefeuille, comme Personal Capital ou des applications mobiles, comme Robinhood, vous pouvez surveiller en temps réel les performances de vos investissements et recevoir des alertes personnalisées pour rester informé.

D'autre part, en utilisant des outils d'analyse, comme Stock Rover, vous pouvez effectuer une évaluation approfondie de vos actifs et décider de réallouer une partie de votre portefeuille des actions technologiques vers des actions énergétiques, afin de capitaliser sur les opportunités de rendement plus élevé

Mon expérience : comment le suivi régulier a maximisé mes rendements

En utilisant des outils de suivi, comme Yahoo Finance et des graphiques avancés pour suivre la performance de mon portefeuille, j'ai pu repérer une tendance haussière dans le secteur de la santé. Cette décision s'est avérée fructueuse et j'ai réalisé des rendements exceptionnels.

Chapitre 5 :
Outils et stratégies d'investissement

Lors de mes débuts dans le monde de la finance, l'investissement était réservé aux initiés, aux professionnels de la finance et aux grandes institutions. Les outils étaient limités et nous faisions nos calculs financiers à la main, en nous basant sur les informations des journaux financiers.

Mais tout a changé avec l'avènement de l'ère numérique. En 1980, les premiers ordinateurs personnels ont fait leur apparition, offrant aux investisseurs individuels la possibilité de traiter et d'analyser des données financières de manière plus efficace. Avec mon nouvel ordinateur, j'ai donc commencé à explorer de nouvelles voies d'investissement, en utilisant des logiciels de modélisation financière afin d'évaluer les entreprises et identifier les opportunités.

Dans les années 1990 et 2000, l'arrivée d'internet a révolutionné l'investissement. Désormais, j'avais accès à une multitude de données financières en temps réel, j'utilisais des outils d'analyse technique et je passais des ordres de trading avec facilité et rapidité. Les forums en ligne et les réseaux sociaux sont également devenus des sources d'information et de partage, permettant à tout un chacun de se connecter et de partager ses connaissances et ses expériences.

Et puis, à partir des années 2010, l'intelligence artificielle et l'apprentissage automatique ont continué à transformer le paysage de l'investissement. Dorénavant, on utilise des algorithmes pour analyser de vastes ensembles de données financières, identifier des tendances et des modèles cachés et exécuter des transactions à haute fréquence en quelques millisecondes. J'ai également adopté ces nouvelles techniques pour affiner mes stratégies d'investissement et améliorer mes performances.

Ainsi, au cours des cinquante dernières années, nous avons assisté à une évolution significative des outils et des stratégies d'investissement, passant des calculs manuels et des informations limitées aux ordinateurs puissants, à l'Internet haut débit et à l'intelligence artificielle.

L'analyse fondamentale est une méthode essentielle pour évaluer la santé financière d'une entreprise avant d'investir. Elle consiste à examiner en profondeur les fondamentaux d'une entreprise, tels que ses états financiers, son modèle commercial, sa position sur le marché et ses perspectives de croissance, afin de déterminer si elle représente une opportunité d'investissement solide.

I. Comprendre les états financiers

Les états financiers d'une entreprise, tels que le bilan, le compte de résultat et le tableau des flux de trésorerie, sont des sources essentielles d'informations. Le bilan offre un aperçu de la santé financière globale de l'entreprise, en présentant ses actifs, passifs et capitaux propres. Le compte de résultat montre les revenus, les dépenses et les bénéfices de l'entreprise au cours d'une période donnée. Enfin, le tableau des flux de trésorerie met en évidence les entrées et sorties d'argent de l'entreprise, offrant un aperçu de sa capacité à générer et à utiliser efficacement ses liquidités.

Évaluer les ratios financiers

Les ratios financiers servent à évaluer la santé financière et la performance d'une entreprise. Le ratio de liquidité, le ratio d'endettement, le ratio de rentabilité et le ratio de croissance peuvent fournir des indications précieuses sur la capacité d'une entreprise à générer des bénéfices, à rembourser ses dettes et à poursuivre sa croissance. En analysant ces ratios, vous pouvez obtenir une image plus claire de la situation financière de l'entreprise et de sa performance relative par rapport à ses concurrents.

Examiner le modèle commercial et les perspectives de croissance

Outre les aspects financiers, il est essentiel d'examiner le modèle commercial et les perspectives de croissance d'une entreprise. Un modèle commercial solide, avec un avantage concurrentiel durable et des barrières élevées à l'entrée est un signe positif. De même, des perspectives de croissance prometteuses, soutenues par des tendances du marché favorables et une innovation continue, peuvent indiquer un potentiel d'appréciation à long terme.

Tenir compte des facteurs externes

Enfin, il est important de tenir compte des facteurs externes qui pourraient influencer la performance future de l'entreprise. Des facteurs, tels que les conditions économiques globales, les tendances du marché, la réglementation gouvernementale et la concurrence du secteur, peuvent avoir un impact significatif sur les résultats financiers d'une entreprise. En gardant un œil sur ces facteurs, vous pouvez mieux évaluer les risques et les opportunités.

Analyse technique : utiliser les graphiques et les indicateurs pour prendre des décisions

L'analyse technique est une méthode d'investissement qui consiste à étudier les mouvements passés des prix et des volumes pour prévoir les mouvements futurs des actifs financiers. Utilisée par de nombreux investisseurs et traders, cette approche repose sur l'idée que les tendances des prix se répètent et peuvent être identifiées à l'aide de graphiques et d'indicateurs techniques.

Comprendre les graphiques

Le graphique est l'outil de base de l'analyse technique. Il représente les mouvements des prix d'un actif financier au fil du temps. Les deux types de graphiques les plus couramment utilisés sont les **graphiques en**

chandeliers japonais (graphique 1) et **les graphiques en ligne** (graphique 2). Les chandeliers japonais fournissent des informations sur les ouvertures, les plus hauts, les plus bas et les clôtures des prix sur une période donnée, tandis que les graphiques en ligne ne montrent que les clôtures des prix.

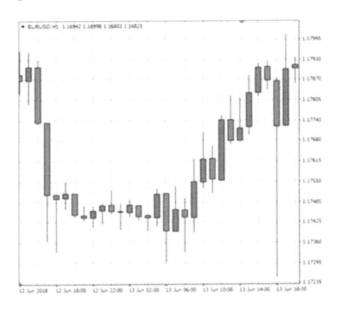

Graphique 1

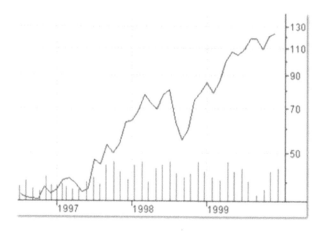

Graphique 2

Identifier les tendances

L'une des idées derrière l'analyse technique est que les prix évoluent dans des tendances identifiables. Une tendance à la hausse est caractérisée par des sommets de plus en plus élevés et des creux de plus en plus hauts, tandis qu'une tendance à la baisse est caractérisée par des sommets de plus en plus bas et des creux de plus en plus bas. Une tendance latérale, ou

« range », se produit lorsque les prix évoluent horizontalement entre un support et une résistance.

Utiliser les indicateurs techniques

Les indicateurs techniques sont des outils mathématiques appliqués aux données de prix et de volume pour aider à identifier les tendances, la force d'un mouvement et les points d'inflexion. Certains indicateurs couramment utilisés comprennent la moyenne mobile, le RSI (*relative strength index*), le MACD (*moving average convergence divergence*) et les bandes de Bollinger. Chaque indicateur a ses propres paramètres et interprétations, il est donc important de les comprendre avant de les utiliser.

Développer une stratégie de trading

Une fois que vous avez une compréhension de base de l'analyse technique et des indicateurs, vous pouvez commencer à développer une stratégie de trading. Cela peut inclure des règles pour entrer et sortir des positions, des niveaux de *stop-loss* et de *take-profit*, ainsi que des règles de gestion des risques. Il est essentiel de tester votre stratégie sur des données historiques et de l'ajuster en fonction des résultats avant de l'appliquer dans un environnement réel.

Garder un œil sur les actualités

Bien que l'analyse technique se concentre principalement sur les données de prix, il est important de ne pas négliger les événements et les annonces économiques qui pourraient avoir un impact sur les marchés. Les actualités peuvent agir comme des catalyseurs pour les mouvements de prix soudains et inattendus, il est donc judicieux de les prendre en compte dans votre analyse.

Investissement à long terme vs trading actif : avantages et inconvénients de chaque approche

Animé par une curiosité et le désir de comprendre les approches différentes d'investissement, j'ai décidé de rejoindre un club de finance. Ma première rencontre eut lieu avec Luc, un investisseur chevronné axé sur le long terme. Luc dégageait une confiance tranquille et a partagé avec moi sa stratégie, basée sur la patience et sa conviction en la croissance à long terme des entreprises solides. Il insista sur l'importance de la recherche, de la diversification et de la tolérance aux fluctuations à court terme du marché. Sa vision claire et sa confiance en l'avenir m'ont inspiré, renforçant mon respect pour les principes de l'investissement à long terme.

Dans ma quête pour explorer les autres approches, j'ai ensuite fait la connaissance de

Marie, une trader active, dynamique et passionnée. Immergée dans l'effervescence des marchés financiers, Marie a partagé avec moi (et avec enthousiasme) ses stratégies de trading, fondées sur l'analyse technique, les modèles de comportement des prix et les opportunités de court terme. Elle m'a expliqué la raison et l'importance de la réactivité, de la flexibilité et de la rapidité d'exécution des transactions. Son énergie contagieuse et son approche dynamique m'ont intrigué, et m'ont poussé à explorer ce nouvel univers de possibilités du trading actif.

À travers ces deux rencontres, j'ai réalisé que l'investissement à long terme et le trading actif étaient deux approches distinctes, chacune avec ses avantages et ses inconvénients. Alors que l'investissement à long terme offre la stabilité, la croissance progressive et la tranquillité d'esprit, le trading actif offre l'excitation, la possibilité de générer des profits rapides, mais également le risque accru et le stress associé à la volatilité des marchés.

L'investissement à long terme est une approche largement adoptée par de nombreux investisseurs chevronnés, dont moi, en raison de ses nombreux avantages potentiels.

II. Avantages de l'investissement à long terme

1. Croissance progressive : j'ai très rapidement constaté que l'investissement à long terme pouvait offrir une croissance progressive de son portefeuille. En investissant dans des entreprises solides avec des modèles commerciaux éprouvés, j'ai vu mes investissements croître régulièrement, malgré les fluctuations temporaires du marché.

2. Dividendes et revenus passifs : en investissant dans des actions de sociétés versant des dividendes, il est possible de générer des revenus passifs réguliers. Ces dividendes sont souvent réinvestis pour acheter davantage d'actions, ce qui augmente le potentiel de croissance à long terme de son portefeuille.

3. Diversification : en adoptant une approche de diversification, j'ai également réparti mon capital entre différentes classes d'actifs et différents secteurs économiques. Cela m'a permis de réduire le risque de mon portefeuille et de mieux résister aux périodes de volatilité du marché.

4. Fiscalité avantageuse : l'investissement à long terme peut bénéficier d'une fiscalité avantageuse dans de nombreux pays. J'ai constaté que les gains réalisés sur les investissements détenus pendant une certaine période pouvaient être soumis à des taux d'imposition plus bas que ceux générés par le trading fréquent.

Pour que cela soit plus clair, voici des chiffres réels tirés de mon propre portefeuille montrant à quel point l'investissement à long terme peut être bénéfique :

Exemple d'investissement dans des actions

En 2010, j'ai investi 10 000 euros dans des actions de la société XYZ, une entreprise innovante dans le secteur technologique.

- Au fil des années, grâce à la croissance régulière de l'entreprise, la valeur des actions a augmenté. En 2020, la valeur de son investissement était passée à 50 000 euros, soit un rendement de 400 % sur 10 ans.
- Malgré les fluctuations du marché, j'ai conservé mes actions, bénéficiant ainsi

de la croissance à long terme de l'entreprise.

Exemple d'investissement dans des fonds indiciels

- En 2005, j'ai investi 20 000 euros dans un fonds indiciel suivant l'indice boursier S&P 500, représentant les 500 plus grandes entreprises américaines.
- Au fil des années, grâce à la croissance du marché américain, la valeur de mon investissement a fortement augmenté puisque, en 2020, mon investissement valait 80 000 euros, soit un rendement de 300 % sur 15 ans.
- J'ai ensuite continué à investir régulièrement dans ce fonds, profitant ainsi de la croissance à long terme du marché boursier.

Exemple d'investissement dans l'immobilier

- En 2012, j'ai acheté un appartement dans un quartier en plein essor pour 100 000 euros.
- Au fil des années, la valeur de l'immobilier a augmenté et, en 2020, l'appartement valait 150 000 euros. De plus, j'ai généré des revenus locatifs réguliers, me permettant de rembourser mon prêt et de réaliser un profit net.
- L'investissement immobilier à long terme m'a apporté des rendements financiers et m'a également offert une source de revenu passif stable.

Ces exemples démontrent les avantages de l'investissement à long terme, notamment la possibilité de bénéficier de la croissance des actifs sur une période prolongée. Cependant, notez bien que ces résultats peuvent varier en fonction des conditions du marché et des performances individuelles des investissements.

III. Inconvénients de l'investissement à long terme

Je me rappelle une conversation animée entre Luc et Marie, les deux investisseurs que j'avais rencontrés. Avec leur vision et leurs perspectives diamétralement opposées, ils ne manquaient jamais de sujets de conversation. Alors que nous sirotions notre boisson, Luc partageait avec nous son approche de l'investissement à long terme, mettant en avant les avantages de la patience et de la certitude dans la croissance des entreprises solides. À côté, Marie, partisane du trading actif, rétorquait avec énergie, soulevant les inconvénients de l'investissement à long terme.

– Écoute, Luc, commença Marie, les yeux brillant d'excitation, je comprends ton point de vue sur l'investissement à long terme, mais soyons réalistes. Attendre des années pour voir des résultats tangibles n'est tout simplement pas viable pour tout le monde.

Luc esquissa un sourire et l'encouragea à poursuivre.

– Je ne conteste pas que l'investissement à long terme puisse être rentable pour certains, mais pour beaucoup d'entre nous, l'attente est un véritable fardeau. Avec le rythme effréné des marchés d'aujourd'hui, les opportunités peuvent surgir et disparaître en un instant. L'investissement à long terme peut nous rendre aveugles à ces occasions, nous laissant sur la touche tandis que d'autres profitent.

Elle marqua une pause avant de reprendre :

– Et puis, il y a le risque. Oui, je sais que tu parles de patience et de diversification, mais même les entreprises les plus solides peuvent rencontrer des difficultés. Attacher son argent à une seule entreprise pendant des années, c'est comme mettre tous ses œufs dans le même panier. Un seul événement, une seule crise, et pouf ! Adieu l'épargne de toute une vie.

Je l'écoutais, captivé par ses arguments. Elle continuait à décrire les désavantages de l'investissement à long terme, soulignant au contraire la nécessité d'être agile, réactif et de saisir les opportunités dès qu'elles se présentaient.

Si les inconvénients de l'investissement à long terme vous semblent plus clairs, en voici tout de même une liste détaillée, tirée de ma propre expérience :

1. Patience requise :

L'un des principaux défis de l'investissement à long terme est de montrer de la patience. J'ai appris qu'il pouvait parfois falloir des années pour voir les bénéfices de ses investissements, ce qui peut être difficile pour ceux qui sont impatients.

2. Risque de baisse du marché :

Bien que l'investissement à long terme puisse offrir une croissance potentielle sur le long terme, il est possible de rencontrer des périodes de baisse du marché prolongées. Il est important de pouvoir supporter ces baisses sans paniquer et de maintenir une vision à long terme de ses investissements.

3. Faible liquidité :

Les investissements à long terme peuvent être moins liquides que les investissements à court terme, rendant difficile la vente rapide de ces investissements à long terme en cas de besoin urgent de liquidités.

IV. Inconvénients du trading actif

Luc prit une gorgée de son café avant de poursuivre la discussion.

– Je comprends tout à fait l'attrait du trading actif, mais il y a aussi des inconvénients à prendre en compte. Tout d'abord, il y a le temps et l'énergie nécessaires à la surveillance constante des marchés. Pour beaucoup d'investisseurs, cela peut devenir accaparant, empiétant sur leur vie personnelle et professionnelle.

Marie, contrariée par l'opposition, répliqua :

– Peut-être, mais le trading actif offre la possibilité de profiter des mouvements rapides du marché. Attendre des années pour voir des résultats, comme dans l'investissement à long terme, n'est tout simplement pas réaliste dans le monde d'aujourd'hui. De plus, avec la technologie moderne, il est possible de surveiller les marchés et de prendre des décisions rapides, même en déplacement.

Luc hocha la tête, reconnaissant le point de vue de Marie, mais poursuivit :

– C'est vrai, mais il est également important de reconnaître les risques associés au trading actif. La volatilité des marchés peut entraîner des pertes importantes en peu de temps. Beaucoup de traders se retrouvent piégés dans des cycles émotionnels, prenant des décisions impulsives basées sur la peur ou la cupidité.

Il marqua une pause avant de continuer.

– De plus, les frais de transaction peuvent rapidement s'accumuler et réduire d'autant les bénéfices. Il faut aussi en tenir compte dans ton équation.

Alors que la discussion se poursuivait, j'observais attentivement, absorbant les arguments de l'un et de l'autre. Je réalisais que chaque approche comportait ses avantages et ses inconvénients, et que le choix entre l'investissement à long terme et le trading actif était plus complexe que je ne le pensais. Voici une liste des inconvénients et des avantages du trading actif, toujours tirée de ma propre expérience :

1. Frais de transaction élevés :

L'un des principaux inconvénients du trading actif réside dans les frais de transaction associés aux achats et aux ventes fréquentes de titres. Ces frais peuvent rapidement s'accumuler, réduisant ainsi les bénéfices. Par exemple, selon une étude menée par la *securities and exchange commission* (SEC) aux États-Unis, les traders actifs peuvent payer des frais de transaction allant de 1 % à 3 % de la valeur totale de leurs transactions.

2. Volatilité et risques accrus :

Le trading actif est souvent associé à une volatilité accrue et à des risques plus élevés. Les fluctuations rapides du marché peuvent entraîner des pertes importantes en peu de temps, et de nombreux traders se retrouvent pris au piège, prenant des décisions impulsives basées sur la peur ou l'appât du gain. Selon une étude réalisée par la *financial industry regulatory authority* (FINRA), plus de 80 % des traders actifs perdent de l'argent sur le marché à long terme, mettant en lumière les difficultés auxquelles sont confrontés les traders pour réaliser des profits.

3. Impact des taxes :

Les traders actifs sont souvent soumis à de fortes implications fiscales en raison de leurs achats et ventes fréquents ; beaucoup plus élevés que ceux réalisés sur les transactions à long terme. Par exemple, aux États-Unis, les gains réalisés sur les transactions à court terme sont imposés à des taux allant jusqu'à 37 %, tandis que les gains réalisés sur les transactions à long terme peuvent bénéficier de taux d'imposition préférentiels pouvant aller jusqu'à 20 %.

4. Temps et énergie nécessaires :

Le trading actif nécessite un engagement constant en termes de temps et d'énergie pour surveiller les marchés, effectuer des analyses techniques et prendre des décisions rapides. Pour de nombreux investisseurs, cela peut devenir prenant, grignotant leur vie personnelle et professionnelle. Selon une étude menée par Dalbar Inc., les traders actifs passent en moyenne plus de 25 heures par semaine à suivre les marchés, ce qui montre l'engagement nécessaire pour réussir dans le trading actif.

V. Avantages du trading actif

1. Potentiel de gains rapides :

L'un des principaux avantages du trading actif est la possibilité de réaliser des gains rapides. Contrairement à l'investissement à long terme, où les gains peuvent prendre des années à se concrétiser, les traders actifs peuvent profiter des mouvements rapides du marché pour réaliser des bénéfices en un laps de temps plus court.

2. Flexibilité et réactivité

Le trading actif offre aux investisseurs une flexibilité et une réactivité accrues par rapport à l'investissement à long terme. Les traders peuvent prendre des décisions rapides en fonction des conditions du marché et des opportunités. Cette agilité leur permet de s'adapter rapidement aux changements du marché et de tirer parti des tendances émergentes.

3. Diversification des stratégies :

Le trading actif permet aux investisseurs d'explorer une grande variété de stratégies de trading, telles que le *day trading*, le *swing trading* et le trading algorithmique. Cette diversification leur permet de trouver celle qui correspond le mieux à leurs objectifs et à leur style.

4. Potentiel d'apprentissage et d'amélioration:

Le trading actif offre aux investisseurs débutants l'opportunité d'apprendre et de s'améliorer. En observant les mouvements du marché, en effectuant des analyses et en prenant des décisions, les investisseurs peuvent acquérir une meilleure compréhension des marchés et affiner leurs compétences. Cette expérience peut être précieuse pour leur développement.

VI. Investissement socialement responsable : comment investir selon vos valeurs personnelles

Un jour, alors que j'analysais les performances de mon portefeuille, j'ai vu passer une série de rapports sur les entreprises dans lesquelles j'avais investi. Parmi elles, une grande société minière était en bonne place. Bien qu'elle ait généré des rendements financiers satisfaisants, j'ai commencé à me poser des questions sur les répercussions de mes investissements sur l'environnement et les communautés locales.

J'ai entrepris des recherches sur les pratiques commerciales de cette société et ce que j'ai découvert m'a bouleversé : la société déversait ses produits chimiques toxiques dans les cours d'eau locaux, ce qui entraînait une pollution environnementale et des effets néfastes sur la santé des populations.

Cette découverte m'a poussé à reconsidérer mes choix. Bien que j'aie réalisé des profits financiers grâce à ces entreprises, j'ai réalisé que mes investissements avaient un impact bien plus vaste que sur mon simple portefeuille, en touchant l'environnement, les communautés locales et les générations futures.

Préoccupé, j'ai décidé de réévaluer mes critères d'investissement. J'ai commencé à rechercher des entreprises qui adoptaient des pratiques durables et responsables sur le plan environnemental et social. J'ai privilégié les entreprises engagées dans la réduction de leur empreinte carbone, la promotion de l'égalité des genres et le respect des droits humains.

En investissant dans ces entreprises, j'ai découvert que je pouvais tout aussi bien obtenir des rendements financiers solides que contribuer de manière positive à la société et à l'environnement. Cette expérience m'a marqué et m'a incité à adopter une approche plus consciente et éthique de l'investissement.

Comprendre l'ISR

L'ISR consiste à intégrer des critères environnementaux, sociaux et de gouvernance (ESG) dans votre processus d'investissement. Cela peut inclure des entreprises qui adoptent des pratiques durables, respectent les droits de l'homme, favorisent la diversité et l'inclusion et adoptent de bonnes pratiques de gouvernance. De nombreuses entreprises, telles que Patagonia, qui se concentre sur la durabilité environnementale, et Microsoft, qui investit dans la diversité et l'inclusion, sont des exemples de sociétés adoptant des pratiques ISR.

Évaluer les performances financières

Contrairement à la croyance populaire, l'ISR

ne nécessite pas de faire des compromis sur les rendements financiers. En fait, plusieurs études ont montré que les entreprises qui adoptent des pratiques durables peuvent générer des rendements financiers solides à long terme. Par exemple, une étude menée par la Harvard Business School a révélé que les entreprises socialement responsables ont surpassé leurs pairs non responsables de 4,8 % à 7,5 % par an.

Utiliser des instruments financiers ISR

Il existe plusieurs façons d'investir en étant socialement responsable, notamment dans les fonds communs de placement ISR, les ETF (*exchange-traded funds*) ESG et les obligations vertes. Ces instruments sélectionnent des entreprises ou des projets qui répondent à des critères ESG spécifiques, offrant ainsi aux investisseurs une exposition diversifiée à des entreprises socialement responsables.

Se tenir informé des initiatives gouvernementales

Dorénavant, les gouvernements du monde entier mettent en place des initiatives visant à encourager l'ISR et à promouvoir la durabilité. Par exemple, l'Union européenne a adopté la taxonomie des activités durables, un cadre de classification des activités économiques qui contribuent de manière significative à la transition vers une économie durable. Aux États-Unis, la *Securities and Exchange Commission* (SEC) a également pris des mesures pour renforcer la transparence des informations ESG fournies par les entreprises cotées en Bourse.

Chapitre 6 :
Conseils pratiques pour réussir en Bourse

Un jour, alors que les marchés financiers étaient agités, secoués par une série de mauvaises nouvelles économiques, j'ai constaté que les cours des actions de plusieurs de mes entreprises avaient chuté de manière spectaculaire, comme des dominos s'effondrant les uns après les autres.

Assis devant mon écran, je sentais l'angoisse monter en moi. Chaque graphique semblait n'être qu'une succession de lignes descendantes, annonciatrices de pertes financières. Mon cœur battait la chamade et je me demandais si mon rêve d'indépendance n'allait pas s'évaporer en un instant.

La frustration et la colère montèrent en moi. Les pensées tourbillonnaient dans ma tête, chaque scénario révélant une catastrophe plus alarmante que la précédente. Une petite voix me soufflait de vendre toutes mes actions pour échapper à cette descente, mais une autre voix, plus rationnelle, me disait de rester calme.

Dans un accès de désespoir, j'ai presque cédé à la panique. J'ai eu une véritable tentation de céder à la peur et à l'impulsion de tout vendre. Mais juste au moment où j'allais appuyer sur le bouton, je me suis figé. Je me suis souvenu des mots de mes mentors et des leçons apprises dans mes lectures. Ils m'avaient toujours dit que les marchés étaient volatils et que les réactions émotionnelles impulsives étaient le pire ennemi de tout investisseur.

au prix d'un immense effort, j'ai réussi à calmer mon esprit. J'ai pris une profonde inspiration et je me suis forcé à évaluer la situation de manière rationnelle. Je me suis rappelé les fondamentaux des entreprises dans lesquelles j'avais investi et je me suis convaincu que les fluctuations du marché étaient temporaires. J'ai donc choisi de rester fidèle à ma stratégie d'investissement et de ne pas laisser la peur dicter mes décisions. Ce fut une bataille intense entre la raison et l'émotion, mais finalement, la raison l'a emporté.

Ce moment de crise a été une leçon de vie. J'ai appris l'importance de maîtriser mes émotions dans les moments les plus difficiles et de rester concentré sur mes objectifs. J'ai surmonté la situation et j'en suis sorti plus fort, prêt à affronter les défis futurs avec calme et détermination.

I. Psychologie de l'investisseur : gérer les émotions et éviter les pièges comportementaux

Investir sur les marchés financiers peut être un véritable ascenseur émotionnel. Les hauts et les bas du marché peuvent susciter une gamme d'émotions intenses, de la peur à l'euphorie, et il est crucial pour les investisseurs de comprendre comment gérer ces émotions pour éviter les pièges comportementaux. Voici quelques méthodes précises utilisées par les plus grands traders, ainsi que des ressources utiles pour aider les débutants à ne pas se perdre dans le monde de la psychologie de l'investissement.

Connaître ses émotions

La première étape pour gérer ses émotions est de les reconnaître et de les comprendre. Il est normal de ressentir de l'anxiété, de la peur ou de l'excitation lorsque l'on investit, mais il est important de ne pas les laisser dicter ses décisions. Prenez le temps d'identifier vos émotions et de comprendre comment elles peuvent influencer vos choix.

Adopter une mentalité de long terme

Les plus grands investisseurs du monde, comme Warren Buffett, ont une vision à long terme de leurs investissements. Ils comprennent que les marchés sont sujets à la volatilité à court terme, mais qu'au fil du temps, ils ont tendance à se redresser. Adopter une mentalité de long terme peut aider les investisseurs à rester calmes et à éviter de réagir de manière excessive aux fluctuations.

Pratiquer la gestion des risques

La gestion des risques est une composante essentielle de tout plan d'investissement. Les grands traders utilisent des techniques, telles que l'allocation d'actifs, la diversification et la fixation de *stop-loss* pour limiter les pertes et protéger leur capital. En pratiquant une gestion efficace des risques, les investisseurs peuvent réduire l'impact émotionnel de leurs pertes et rester concentrés sur leurs objectifs à long terme.

Se former et se renseigner

Il existe de nombreuses ressources disponibles pour aider les investisseurs à mieux comprendre la psychologie de l'investissement. Des livres, tels que The Psychology of Trading de Brett N. Steenbarger et Thinking, Fast and Slow de Daniel Kahneman, offrent des perspectives précieuses sur les comportements humains en matière d'investissement. Des sites web comme Investopedia et des podcasts tels que « *Chat with Traders* » offrent également des conseils pratiques et des analyses de marché.

II. Éviter les erreurs courantes : conseils pour minimiser les risques d'erreur lors de l'investissement

J'avoue être souvent tombé dans le piège des réactions impulsives. Chaque gros titre sensationnel me poussait à prendre des décisions hâtives, réagissant à chaque mouvement du marché comme si ma vie en dépendait. Malheureusement, ces décisions se terminaient souvent par des pertes, ce qui me faisait sérieusement douter de mes compétences.

Encore pire, je négligeais souvent les frais et les impôts associés à mes investissements. Je sous-estimais complètement l'impact cumulatif des frais de transaction, des frais de gestion et des impôts sur mes rendements globaux. Ces coûts réduisaient la croissance de mon portefeuille, m'empêchant de réaliser pleinement mon potentiel financier.

Je sais que ces erreurs sont courantes chez les investisseurs débutants, mais j'ai appris de mes erreurs et j'ai élaboré une liste de conseils pour minimiser ces risques.

1. Ne pas diversifier suffisamment

L'une des erreurs les plus courantes est de ne pas suffisamment diversifier leur portefeuille. Une étude menée par Vanguard a montré que la diversification pouvait réduire le risque d'un portefeuille jusqu'à 85 %. Pour éviter cette erreur, les investisseurs doivent répartir leurs investissements sur différents types d'actifs, tels que les actions, les obligations et les matières premières, ainsi que sur différentes industries et régions géographiques.

2. Sur-réagir aux actualités du marché

L'actualité financière peut être volatile ; dans ces cas-là, le fait de réagir de manière excessive à chaque mouvement du marché peut entraîner des décisions impulsives et des pertes financières. Une étude menée par Morningstar a révélé que les investisseurs qui tentent de chronométrer le marché perdent en moyenne 2,5 % par an par rapport à ceux qui adoptent une approche de long terme. Pour éviter cette erreur, les investisseurs doivent se concentrer sur leurs objectifs à long terme et ignorer les bruits des marchés à court terme.

3. Ignorer les frais et les impôts

Dans le paysage de l'investissement, les frais et les impôts sont souvent cachés, prêts à s'attaquer aux rendements des investisseurs imprudents.

Une étude menée par NerdWallet met en lumière l'impact dévastateur que ces frais et impôts peuvent avoir sur les rendements des investisseurs. Selon leurs conclusions, ces coûts cachés peuvent éroder jusqu'à 30 % des gains potentiels.

Pour éviter de tomber dans ce piège, mes pairs et moi avons appris l'importance de rechercher des produits d'investissement à faible coût, comme les ETF (*exchange-traded funds*), qui offrent une exposition diversifiée aux marchés à un coût minimal. De plus, nous avons découvert les avantages de stratégies fiscalement efficaces, comme le report d'impôt et la gestion des pertes fiscales, qui nous permettent de maximiser nos gains tout en minimisant notre charge fiscale.

Mais ces leçons ne sont venues qu'à la suite de pertes, parfois importantes. Je me souviens des premiers jours où j'ai été confronté à la réalité brutale des frais et des impôts, voyant une partie de mes gains disparaître dans les arcanes de la bureaucratie fiscale. Cependant, c'est grâce à ces épreuves que mes compagnons et moi avons acquis la sagesse d'évoluer dans les eaux de la fiscalité et des coûts cachés avec prudence et discernement.

C'est grâce à une compréhension claire de ces défis et à des stratégies appropriées que mes pairs et moi avons appris à nous protéger contre les pièges de l'ignorance et à mettre en place des bases solides pour un avenir financier prospère.

4. Succomber à l'aversion aux pertes

L'aversion aux pertes est une émotion qui peut pousser les investisseurs à prendre des décisions irrationnelles, telles que vendre des actions lorsqu'elles sont en baisse pour éviter de subir des pertes. Une étude menée par Dalbar Inc. a révélé que les investisseurs individuels perdent en moyenne 4 % par an en raison de leurs réactions parfois excessives aux fluctuations du marché. Pour éviter cette erreur, les investisseurs doivent se concentrer sur leurs objectifs à long terme et adopter une approche disciplinée et rationnelle.

III. Utilisation des ressources en ligne : sites web, forums et outils pour vous aider dans votre parcours d'investissement

Un matin, attablé à la terrasse d'une brasserie, buvant mon café du matin tout en naviguant sur mon téléphone portable, un groupe de jeunes discutait à la table voisine avec enthousiasme des actions qu'ils envisageaient d'acheter et des dernières nouvelles du marché. Intrigué, j'ai écouté attentivement.

Ils semblaient incroyablement bien informés, discutant des entreprises émergentes, des tendances du marché et des stratégies d'investissement. Ils échangeaient des informations sur les applications d'investissement en ligne, les forums communautaires et les ressources éducatives disponibles sur internet. Leur confiance et leur aisance dans le domaine étaient palpables, et j'étais impressionné.

Pourtant, en même temps, je me suis souvenu de mes débuts dans le monde de l'investissement, bien des années auparavant, lorsque les ressources étaient rares et limitées. À l'époque, j'avais dû me contenter de livres empruntés à la bibliothèque locale et des quelques conseils que j'avais pu glaner auprès de mes connaissances.

Comparant mon expérience à celle de ces jeunes, je réalisais à quel point j'avais été désavantagé par le manque d'accès à l'information. Je me suis souvenu des erreurs coûteuses qui m'avaient coûté de l'argent en raison de mon manque de connaissances et de ressources, et je n'ai pu m'empêcher d'avoir une pointe de regret.

Pourtant, en même temps, je me sentais empli d'espoir et d'optimisme. La passion et la détermination de ces jeunes faisait plaisir à voir et je me suis rendu compte qu'il n'était jamais trop tard pour s'améliorer. Avec la disponibilité et l'accessibilité des ressources en ligne, je savais que je pouvais combler les lacunes qui restaient afin de poursuivre mes objectifs.

Contrairement à l'époque où j'ai commencé, et où les sources d'information étaient limitées et souvent coûteuses, les investisseurs d'aujourd'hui bénéficient d'une abondance de données gratuites et de conseils d'experts à portée de main. Avec l'avènement d'internet, des médias sociaux et des plateformes d'investissement en ligne, il est désormais possible d'accéder instantanément à des analyses de marché, à des données historiques, à des conseils d'experts et à des communautés d'investisseurs.

Sites web d'actualités financières

Dans la pléthore de marchés qui existent, les sites web d'actualités financières sont là pour guider les investisseurs. Imaginez-vous, tranquille, dans la soirée, installé devant votre écran, avide de compréhension des mouvements de ces marchés qui ne dorment jamais. C'est là, dans les méandres numériques de Bloomberg, CNBC et Reuters, que je peux trouver de quoi étancher ma soif de connaissance, ma source inépuisable d'informations financières.

Ces sites web offrent une plongée intime dans les mécanismes complexes qui régissent les marchés. Des analyses vous décortiquent les tendances émergentes, tandis que les interviews d'experts vous éclairent sur les enjeux qui façonnent l'économie mondiale. Les rapports délivrent une chronique des événements en temps réel, vous permettant de rester informés et de prendre des décisions en conséquence.

Mais au-delà de la simple diffusion d'informations, ces sites deviennent de véritables encyclopédies pour ceux qui veulent en savoir toujours plus. Grâce à une myriade de ressources, telles que des articles de fond, des vidéos et des podcasts, ils offrent un apprentissage continu et une immersion totale dans l'univers de la finance.

Pourtant, il est facile de se noyer dans cet océan. Je me souviens des premiers jours où je ressentais ce sentiment de submersion face à cette quantité d'informations disponibles. Mais avec le temps, j'ai appris à filtrer les choses utiles des choses moins utiles et à me concentrer sur les données pertinentes. En définitive, ces sites ne sont pas simplement des sources d'information ; ce sont des compagnons de voyage pour aider les investisseurs à évoluer dans les marchés avec perspicacité.

<u>Plateformes d'investissement en ligne</u>

Les plateformes d'investissement en ligne ont révolutionné le monde de la finance moderne, ouvrant un accès virtuel direct aux marchés boursiers mondiaux. un soir, alors que je me détendais sur mon téléphone, une publicité pour l'application Robinhood attira mon attention. Il a suffi que je touche l'écran pour me retrouver immergé dans un monde de possibilités financières infinies.

Dans cette ère nouvelle, des plateformes comme Robinhood, E TRADE et TD Ameritrade ne sont plus de simples portails vers les marchés. Elles sont devenues des partenaires, notamment en offrant une interface fluide et intuitive qui facilite l'accès entre l'investisseur novice et ses rêves. Grâce à elles, j'ai découvert l'excitation du trading en quelques clics, achetant et vendant nos actions en quelques clics et suivant les fluctuations du marché avec curiosité.

Pourtant, derrière cette simplicité se cachent des outils sophistiqués, des graphiques et des analyses qui aident les investisseurs à naviguer en sécurité. Ces plateformes sont ainsi devenues mes alliées pour faire fructifier mon argent, grâce à leurs données précises et à leurs informations pertinentes pour me guider. Cependant, ces plateformes ont aussi un revers. Si la facilité d'accès et la rapidité du trading sont appréciables, elles peuvent aussi conduire à des décisions impulsives et à des comportements excessifs. Je me souviens avoir été tenté de céder pour vendre et/ou acheter sous le coup de l'émotion, mais j'ai vite compris l'importance de la prudence et de la patience.

Forums d'investissement :

Les forums d'investissement en ligne sont une ressource inestimable pour ceux qui cherchent des informations et des conseils de la part de pairs et d'experts du domaine. Parmi ces forums, des plateformes populaires, telles que Reddit's r/investing et Stocktwits se distinguent par leur nombreuse communauté et leur contenu. Ces espaces virtuels offrent une bulle de discussion où les investisseurs peuvent interagir, partager leurs expériences et échanger des idées sur une multitude de sujets liés à l'investissement.

Au sein de ces forums, les membres peuvent poser des questions, discuter des tendances du marché et étudier des analyses sur diverses classes d'actifs. Grâce à la diversité de la communauté, les discussions abordaient une vaste étendue de sujets, allant de l'analyse technique à l'évaluation fondamentale en passant par les stratégies d'investissement.

Ces forums sont un lieu privilégié pour découvrir des perspectives uniques et des idées innovantes. En effet, les membres partagent souvent des analyses détaillées, des recherches approfondies et des recommandations d'investissement, permettant à leurs collègues de prendre de nouvelles idées et d'avoir des points de vue différents.

En outre, ces forums favorisent un sentiment de communauté et d'entraide, où tout le monde se soutient dans ses démarches. En partageant à la fois leurs réussites, leurs échecs et leurs leçons apprises, ils créent un environnement d'apprentissage collaboratif.

Mais, ils sont également source de défiance. La qualité de l'information peut varier en fonction de la crédibilité et de l'expertise des contributeurs. C'est pour cette raison qu'il importe de rester extrêmement vigilant quant aux lectures et aux discussions. De plus, ils peuvent parfois être le théâtre de débats enflammés et de divergences d'opinion ; il est donc vivement conseillé de rester ouvert d'esprit et de faire preuve de prudence dans leurs interactions.

<u>Outils d'analyse et de recherche :</u>

Des outils d'analyse et de recherche, parmi lesquels Yahoo Finance, Google Finance et Finviz, sont les trois plus courants utilisés par les investisseurs en quête de données fiables sur les actions, les indices, les ETF et divers autres instruments financiers. Ces plateformes offrent un accès direct à une mine d'informations, dont des données en temps réel sur les cours des actions, des graphiques interactifs, ainsi que des rapports détaillés sur les performances des actifs. Grâce à ces outils, vous pouvez surveiller les fluctuations du marché, analyser les tendances passées et actuelles, et filtrer les opportunités d'investissement en fonction de vos critères personnels (rendement, volatilité ou indicateurs techniques). Ils permettent aux investisseurs de prendre des décisions éclairées et de détenir des portefeuilles diversifiés en fonction de leurs objectifs et de leur tolérance au risque.

En conclusion, les ressources en ligne offrent aux investisseurs un accès sans précédent à une gamme de données, d'analyses et d'outils pour les aider dans leur parcours d'investissement. En utilisant ces ressources de manière judicieuse, les investisseurs peuvent prendre des décisions éclairées, maximiser leurs rendements et atteindre leurs objectifs financiers à long terme.

Conclusion

« Le succès en investissement ne consiste pas à éviter les erreurs, mais à persévérer malgré elles. » Charlie Munger

En parcourant les pages de ce guide, nous avons suivi mon parcours en tant qu'investisseur qui a affronté de nombreux défis avant d'atteindre une certaine réussite. Comme tout investisseur, j'ai vécu des hauts et des bas, des réussites et des échecs. Mais à chaque étape, j'ai fait preuve d'acceptation, de persévérance et de détermination.

Dans ma vie d'investisseur, j'ai appris à surmonter les obstacles, appris de mes erreurs et continué à avancer. J'ai compris que le chemin vers le succès en Bourse n'était pas sans embûches, mais que c'est la capacité à persévérer, à s'adapter et à apprendre qui mène à la réussite.

Je pense que j'ai incarné la citation de Charlie Munger, comprenant que le véritable succès réside surtout dans la capacité à persister face aux défis et à ne jamais abandonner. Je ne veux qu'une chose : que ce guide soit une source d'inspiration et de motivation pour tous ceux qui aspirent à devenir des investisseurs prospères, sachant que chaque erreur est une opportunité d'apprentissage et que la persévérance est la clé du succès.

En conclusion, chers lecteurs, vous avez désormais entre vos mains tous les outils, les connaissances et les conseils nécessaires pour vous lancer dans le monde passionnant de l'investissement en Bourse. Nous avons exploré les fondements de l'investissement, démystifié les idées fausses, examiné les différentes classes d'actifs et discuté des stratégies d'investissement.

Maintenant, il est temps de mettre en pratique les connaissances acquises et de commencer à construire votre propre portefeuille d'investissement. N'ayez pas peur de prendre des décisions, mais soyez toujours conscient des risques et des opportunités qui se présentent à vous. Avec un plan solide, une bonne diversification et une approche disciplinée, vous êtes prêts à affronter les défis des marchés financiers et à réaliser vos objectifs financiers à long terme.

Que ce guide vous serve de compagnon fidèle dans votre voyage d'investissement et que vous puissiez atteindre de nouveaux sommets de réussite financière. Bonne chance et bon investissement !

Printed in France by Amazon
Brétigny-sur-Orge, FR